Emil Peschkau

Moderne Probleme

Ein Zeitbrevier

Emil Peschkau

Moderne Probleme

Ein Zeitbrevier

ISBN/EAN: 9783743439375

Hergestellt in Europa, USA, Kanada, Australien, Japan

Cover: Foto ©Suzi / pixelio.de

Manufactured and distributed by brebook publishing software (www.brebook.com)

Emil Peschkau

Moderne Probleme

Moderne Probleme.

Ein Zeitbrevier

von

Emil Peschkau.

Leipzig.
Druck und Verlag von Philipp Reclam jun.

Moderne Probleme.

Inhalt.

	Seite
Die Kunst der Zukunft	5
Geistige Begabung	18
Die Frau des kleinen Mannes	26
Kinderspielzeug	33
Moderne Zauberei	38
Die Göttin des Jahrhunderts	48
Wie man die Mäuse fängt	58
Keine Zeit	62
Unbekannte Welten	67
Freiheit und Gleichheit — Gerechtigkeit und Liebe	72
Der Luxus einst und jetzt	76
Die Arbeitskraft der Zukunft	90

Die Kunst der Zukunft.

Die künstlerische Bewegung, die in unseren Tagen so viel von sich reden macht, ist eigentlich schon so alt, daß die Namen „Junge" und „Jüngste", die man ihren Vertretern gegenüber gern anwendet, für denjenigen, der die ganze Entwickelung überschaut, nicht ohne Komik sind. Wie es dem norwegischen Maler Munch vor kurzem in Berlin erging, so erging es schon vor mehr als fünfundzwanzig Jahren dem Franzosen Manet in Paris, der, nachdem man ihm überall die Thür gewiesen, dem Publikum endlich im Jahre 1867 seine naturalistischen Bilder in einer Special-Ausstellung vorführte. Was die Musik betrifft, so ist die Bewegung überhaupt etwas erlahmt, weil keiner es dem Großen von Bayreuth nachmachen kann, der so einzig organisiert war, daß er durch eine erstaunliche Summe nicht musikalischer Fähigkeiten gewissermaßen ersetzte, was er als Musiker nicht leisten konnte. Auf dem Gebiet der Poesie wird nun allerdings viel Lärm gemacht, aber diejenigen „Modernen", deren Schöpfungen größeres Interesse erregt haben, wie Zola, Ibsen und Tolstoj sind recht alte Herren, und bevor ihr Stern leuchtete, hat schon derjenige Balzacs, Flauberts u. a. geleuchtet. Immerhin existiert die Bewegung noch und sie erregt bisweilen die Gemüter aufs heftigste, so daß sogar Professoren abdanken wollen, Vereine sich in Hälften spalten und der Staatsanwalt angerufen wird, um das Vaterland zu retten. Die Kämpfe zwischen den „Alten" und den „Neuen" dauern fort, und wenn sich von den letzteren auch immer wieder Sekten abzweigen, wenn auch das Neue sich manchmal als etwas ganz Neues ankündigt (in der Litteratur zum Beispiel als „Symbolismus" gegenüber dem

„Naturalismus"), so ist die eigentliche Streitfrage doch imm[er]
dieselbe, es handelt sich beständig um die gleichen Gegensät[ze.]
Die Alten strebten — so wird behauptet — nach der „Schö[n]
heit" — und die Neuen streben — so wird wieder behaupt[et]
— nach der „Wahrheit". Die Kunst der Vergangenheit g[e]
hörte dem Idealen, die der Zukunft gehört der Wirkliche[n.]
Früher komponierte man, um einen möglichst harmonische[n]
Eindruck zu erzielen, während die Modernen nur der Nat[ur]
möglichst nahe zu kommen suchen. Das sind nun freili[ch]
Gegensätze, wie man sie schroffer nicht denken kann, und wen[n]
sie thatsächlich bestehen, so ist die „neue Kunst" in Wahrhe[it]
etwas ganz Neues. Auffallend ist nur, daß sich dieses Ne[ue]
das Kunstpublikum offenbar nicht zu erobern vermag, so[nst]
müßte die Bewegung bei ihrem ehrwürdigen Alter doch sch[on]
erloschen sein. Wagner und Zola haben allerdings gro[ße]
Erfolge erzielt, aber sie erzielten sie durch Mittel, die auße[r]
halb der Kunst oder wenigstens ihrer Kunst lagen, und d[a]
neben auch noch durch die Mittel der alten Kunst. Gar vie[le]
lassen geduldig die „Walküre" über sich ergehen, um nur d[as]
schöne „Frühlingslied", den schönen „Feuerzauber", die wun[der]
derbare Poesie von Brunhilds Abschied zu genießen, und g[ar]
mancher wird durch den bisweilen erhaben schönen Aufba[u]
einer Zolaschen Romanscene oder eines ganzen Romans üb[er]
die häßlichen oder langweiligen Einzelnheiten fortgerissen. D[ie]
Massenwirkung erzielte Wagner aber durch die rohsinnliche[n]
Effekte seiner Werke, und Zola erzielte sie durch die Speku
lation auf die gemeinen Triebe. Von einem Sieg „der neue[n]
Richtung" kann selbst bei den erfolgreichen ihrer Vertret[ern]
nicht die Rede sein, ja die große Mehrheit des Kunstpublikum[s]
folgt sogar lieber den schwächlichsten Nachahmern der alte[n]
Meister, als talentierten Vertretern des Neuen. Das ist au[f]
fallend, aber ebenso auffallend ist es auf der anderen Seit[e,]
daß die Bewegung, trotzdem sie aus sich heraus in verhältni[s]
mäßig langer Zeit nur geringfügige Resultate erzielt hat, do[ch]
nicht zur Ruhe kommt, und ferner, daß ihr von weiten Kreise[n]

starke Sympathien entgegengebracht werden. Man sieht vielfach das Neue durchaus nicht so kritisch an wie das Alte, man ist wohlwollend, zur Förderung geneigt, man unterliegt zeitweilig geradezu einer Suggestion und glaubt ein halbes Jahr lang oder auch länger an eine geniale Begabung, wo keine ist, man läßt sich immer wieder von irgend einem Allerneuesten ködern, um ihn dann enttäuscht, aber nur ungern, mit gewissen Zweifeln gegen sich selbst, fallen zu lassen, man genießt mit Behagen die Werke derjenigen, die zur alten Richtung gezählt werden, und behandelt sie von oben herab, wie eine Art amüsanter Clowns, die nicht ernst zu nehmen sind, während man sich mit den Neuen langweilt oder ekelt, sie aber mit ehrfürchtigen Schauern betrachtet, ihnen zuklatscht und sie immer nur mit den großen Meistern der Vergangenheit in einem Atem nennt. Ich stehe erst seit einem Jahrzehnt im litterarischen Leben, aber die Schillerchen und Shakespearechen, die ich habe taufen sehen, hätten für ein Jahrtausend gereicht. Sie sind auch sämtlich aus ihren Windeln nur wenig herausgekommen und viele von ihnen sind sogar längst wieder verschollen, vergessen.

Das alles ist, wie gesagt, in hohem Maße auffallend und es drängt zu einer ernsten Frage. Giebt es wirklich eine „alte" Kunst und eine „neue", haben die Gegensätze, welche die Theoretiker der beiden Richtungen aufstellen, eine Berechtigung? Und wenn es so ist — welche Kunst wird siegen, welche wird die Kunst der Zukunft sein? Wenn es aber nicht so ist — woher kommt die Bewegung mit den oben skizzierten widerspruchsvollen Erscheinungen — und weiter: was dann?

Ich habe nicht die Absicht, all' die langatmigen Erörterungen der feindlichen Kunsttheoretiker gegen einander abzuwägen, weil ich glaube, daß man auf diese Art zu keinem Ziel kommen kann. Hätten die Ästhetiker der alten Richtung recht, dann wäre alles weitere künstlerische Schaffen überhaupt zwecklos, da die Meister der Vergangenheit dem „Schönheitsideal" so nahe kamen, daß es einen Fortschritt darüber hin-

aus nicht giebt. Hätten aber die Neueren recht, dann wä[re]
das künstlerische Schaffen ebenso zwecklos. Dann brauchte[n]
wir keine Dichter mehr, sondern Beobachter, Männer d[er]
Wissenschaft. Wir brauchten keine Maler mehr, sonde[rn]
Photographen und Techniker, die uns die Farbenphotograph[ie]
erfinden. Wir brauchten auch keine Musiker, sondern Mech[a]nismen, mit denen man alle möglichen Geräusche naturgetr[eu]
nachahmen kann, und an Stelle des Gesanges würde der Au[s]druck der Leidenschaften und Empfindungen durch Schreie[n,]
Stöhnen, Flüstern u. s. w. kommen. Die Extreme der beid[en]
Richtungen haben denn auch wirklich beide das Ziel erreic[ht,]
daß sie der Kunst die Zukunft geradezu absprechen. Die ein[en]
meinen, es könne nur mehr Nachahmer der großen Künstl[er]
der Vergangenheit geben, und die andern sehen die Ku[nst]
aufgehen in der Wissenschaft und im höheren Handwe[rk.]
Beide schauen geringschätzig auf all' das junge drängen[de]
Leben in den Künsten herab, und beide haben unrecht, ni[cht]
allein, weil sie an den Extremen ihrer Theorien angelan[gt]
sind, sondern weil diese Theorien selbst nur in sehr beschränkte[m]
Maße Giltigkeit haben.

Um nun diesen unheilvollen Hirngespinsten, die sel[bst]
starke Talente verwirren und lähmen müssen, ein Ende
machen, giebt es eigentlich einen sehr naheliegenden Weg, i[n]
dem man die Kunst einmal naturwissenschaftlich betracht[et.]
Sie ist ja doch auch nichts anderes, als ein Naturprodu[kt.]
Sie ist ein Erzeugnis des seelischen Lebens, und dieses ist ei[ne]
Naturerscheinung gerade so wie die Elektricität, wie das Li[cht,]
wie das Leben überhaupt. Untersuchen wir die Existenzb[e]dingungen der Kunst, ihren Ursprung und ihre Entwickelun[g]
wie der Naturforscher einen Organismus oder irgend e[in]
anderes Resultat des schaffenden Triebes, der „Kraft" be[folgt. Dann müssen wir doch auch wohl zu einer unbestrei[t]baren Antwort auf die Fragen gelangen, über die sich [die]
Kunsttheoretiker nicht einigen können.

Wie kamen wir zu einer Kunst, woher stammt sie, w[ie]

Keim ihres Lebens? Um zunächst bei einem
zu bleiben, wo liegt etwa der Ursprung der

nannten „Schnecke" des Gehörorganes befindet
nem Entdecker Corti benannter Apparat, der
enden von Nervenzellen besteht. Jede dieser
einer elastischen Faser, die einer gespannten
ir ist, und jede dieser Fasern wird nur durch
stimmten Ton in Schwingung versetzt, so daß
örzelle nur durch den betreffenden einen Ton
ieser Vorrichtung verdanken wir es, daß wir
zwischen den einzelnen Tönen wahrnehmen,
alisches Gehör" besitzen, und es ist selbstver-
sselbe um so feiner sein wird, je mehr Hör-
sind. Nun hat uns die Natur das Cortische
chaus nicht zu dem Zwecke gegeben, damit
der Konzerte besuchen können. Auch die Tiere
Kampf ums Dasein, unter dem Einfluß der
tung wurde es immer vollkommener, und
schen war es gleich den Tieren nur ein nütz-
s ihm dazu half, sich seine Nahrung zu er-
seiner Feinde zu erwehren. Der Mensch teilt
zur Musik mit den Tieren, und er ist ihnen
al sehr überlegen — weist doch zum Beispiel
urchschnittlich ca. 12000 Hörzellen auf, den
rchschnitts-Menschen gegenüber. Die Musik
dem Augenblick, da unsere Vorfahren gewahr
e gewisse Folge von Tönen einen Genuß ver-
sie sich bemühten, solche Tonfolgen künstlich
nd wie die Musik, so ist die Kunst überhaupt
rodukt der Sinnesorgane entstanden, indem
Quelle des Genusses entdeckte. Auch das Auge
gehörigen Gehirnteil) hat sich als Waffe im
sein gebildet und dann wurde es unter dem
ellekts auch zu einer Quelle des Vergnügens,

es zeigte sich, daß gewisse Maßverhältnisse, gewisse Forme
und Farbenzusammenstellungen eine eigentümliche Art b
Genuß verursachten, gerade so wie bestimmte Tonverhältnis
Die Anfänge der Kunst liegen für uns im tiefen Dunk
aber ich glaube, daß wir diese Anfänge eigentlich schon
der Tierwelt suchen können. In den Bauten gewisser Tie
gattungen zeigen sich Anfänge der bildenden Kunst, im G
sang der Vögel Anfänge der Musik. Und diese ersten Künstl
mag man nun die Tiere oder die ersten Menschen ins Au
fassen, sie ahmen nicht andere Naturgebilde nach, sie schaff
etwas Neues, das keinen anderen Zweck hat und haben kan
als einen gewissen neuen, von den materiellen Genüssen ga
und gar verschiedenen Genuß zu verschaffen. Auch die Poe
entstand auf diese Weise. Die Menschen fanden, daß sich au
die Sprache verwenden läßt, um ein ähnliches Gefühl d
Befriedigung zu erwecken. Die dichterischen Erzeugnisse d
Naturvölker, die wir kennen, haben durchaus mehr musikalische
Gehalt als Sinn. Die älteste Poesie beschreibt nicht, sie e
zählt nicht, sie ist Gesang, und ihr Reiz liegt wie der unser
Volkslieder nicht im Inhalt. Was die Worte sagen ist fa
immer ohne rechten Zusammenhang, unlogisch, unbedeuten
unwahr und gar nicht selten einfach Unsinn. Der Zaube
den sie selbst auf uns noch manchmal ausüben, hat seine
Ursprung dort, wo ihn alle Kunst hat: in der Eigentüm
lichkeit unserer Nervenmasse, daß gewisse Form
Farben- und Tonverhältnisse — ähnlich und doch wied
ganz anders wie die Befriedigung der tierischen Triebe -
ein eigentümliches Lustgefühl erwecken.

Als Hervorbringerin dieses Lustgefühls, dieses seelische
Genusses im Gegensatz zu den materiellen Genüssen, war
die Kunst geboren. Das war sie und das muß sie bleiber
aus demselben Grunde, warum man aus dem geborenen Löwe
nicht einen Hammel machen kann. Man kann den Löwe
höchstens töten, und diejenigen, die den Beruf der Kunst
unser Herz zu erquicken und zu erheben, leugnen und dafü

ganz etwas anderes von ihr verlangen, sind im Begriff, sie zu töten. Jeder Organismus muß in erster Linie seine Existenzbedingung erfüllen und die Existenzbedingung der Kunst ist: Erweckung jenes eigentümlichen Lustgefühls, jener seelischen Erhebung, die eben das echte Kunstwerk hervorruft.

Die Ästhetiker der alten Richtung sind, indem sie das Dunkel empfanden, dazu gekommen, das Ziel der Kunst in der „Schönheit" zu finden. Das war ein Irrtum, der ihre Theorien gegen alle möglichen Angriffe bloßstellte und der die schwächlichen Werke der Talente geringeren Ranges mit verursachte. Um jene Befriedigung hervorzurufen, braucht sich die Kunst durchaus nicht auf das Schöne zu beschränken, sie kann ihm das Häßliche und Komische gegenüberstellen. Nur die Architektur, die am meisten formale Kunst, verträgt nichts als die Stufenleiter des Schönen, vom Anmutigen bis zum Erhabenen. Dagegen kann die Musik schon ein wenig darüber hinausgehen, mehr noch die Malerei und Bildhauerei, am meisten die Poesie. Die großen Meister der Vergangenheit waren sich der Grenzen ihrer Künste wohl bewußt, innerhalb dieser Grenzen aber haben sie durchaus nicht das Schöne allein verwendet, nur daß sie das Häßliche und Komische ausschließlich dazu benutzten, das Gefühl der Befriedigung noch zu steigern, daß sie diesen Zweck des Kunstwerkes nie aus dem Auge verloren. Je nach der Veranlagung der einzelnen Künstler und je nach dem Stoff, den ihnen ihre Zeit bot, hat es dabei immer gewisse Unterschiede in den Kunstrichtungen gegeben. Besonders die Malerei und Poesie, die sehr bald so weit kommen mußten, die Formen der Wirklichkeit, das Weben der Natur und das Treiben der Menschen, für ihre Werke zu benutzen, besonders sie nahmen zu Zeiten eine stark realistische Richtung an, so daß man auch bisweilen die jetzige Bewegung mit künstlerischen Revolutionen der Vergangenheit vergleicht. Aber mit diesem Vergleiche wird nicht das Richtige getroffen. Die Alten mochten nun mehr idealisierend (wie etwa Schiller und Raphael) oder mehr realistisch (wie

etwa Goethe und Rubens) schaffen, sie „komponierten" immer
ihr Ziel war die Erweckung jener seelischen Befriedigung, e
war ihr eigenes Bedürfnis, sie hatten noch mit keinem Zweife
darüber zu kämpfen und verfolgten es naiv selbst dann, wen
ihre bewußte Absicht in einem bestimmten Falle nur au
Wiedergabe der Natur ausging.*) Die moderne Richtun
nun will nicht „komponieren", sie kennt das Ziel der alte
Kunst nicht mehr, sie will nicht schöpferisch sein, sondern nu
irgend welche Stücke der Wirklichkeit möglichst treu wieder
geben. Der Musiker bildet sich keine Formen, sondern e
strebt nur danach, irgend einen Vorgang in Tönen zum Aus
druck zu bringen. Der Maler „schneidet" ein viereckige
Stück Natur oder Menschentreiben irgendwo heraus und streb
nur danach, es so darzustellen, wie er es gerade sieht — e
malt zum Beispiel ein grasgrünes Rechteck, einen Baumstamm
(die Äste sieht er nicht mehr) und drei Viertel von einen
Schwein, und wenn die Beleuchtung zufällig so ist, daß e
keine Schatten wahrnimmt, dann malt er eben auch kein
Schatten. Der Poet aber berichtet uns eine armselige Ge
schichte, von der selbst ein zeilenhungriger Reporter kaum
Notiz nehmen würde, in einem Romanband, indem er aller
Blödsinn, den die „handelnden" Personen möglicherweise spre
chen könnten, wortgetreu aufzeichnet und daneben ebenso ge

---

*) Deshalb sind die künstlerisch geschaffenen, nicht bloß für schneller
Gelderwerb gefertigten Porträts der großen Maler der Vergangenhei
auch unendlich mehr als „Porträts". Das großartigste Beispiel dafür
ist wohl das unter dem Namen „Nachtwache" bekannte, im Rijks-Museum
zu Amsterdam befindliche Gemälde Rembrandts. Es ist eines jener
Gruppenporträts, wie sie im sechzehnten und siebzehnten Jahrhundert
in den Niederlanden Mode waren — die Porträtierten sind die Mit
glieder einer Schützencompagnie — aber der Künstler hat aus dem Bild
dieser Schützen ein Farbendrama von geradezu überwältigender Wir
kung gemacht. Obwohl schon viele Jahre vergangen sind, seitdem ich
in Holland war, sehe ich noch immer die übrigen dieser Gruppenpor
träts des Rijks-Museums vor mir, ohne Theorie gefertigte, aber doch
echte Wirklichkeitsbilder — zum Gähnen langweilig — und daneben die
Rembrandtsche „Komposition", die noch in der Erinnerung jenes Kunst-
Lustgefühl in unbeschreiblichem Maße erweckt.

Moderne Probleme. 13

[...]u alle Vorrichtungen beschreibt, die sie zum Essen, Trinken, Wohnen u. s. w. u. s. w. bedürfen. Es handelt sich also nicht mehr um den Gegensatz zwischen einer mehr idealisierenden und einer mehr realistischen Kunst, es handelt sich um den Kampf zwischen der Kunst und einem Etwas, das sich zwar dafür ausgiebt, aber nichts mit ihr gemein hat, weil seine Anhänger das Wesentliche der Kunst, ihr Ziel, ihre Existenzbedingung nicht anerkennen. Bis auf unsere Tage ist es niemanden eingefallen, diese Existenzbedingung hinweg zu leugnen. Die Künstler mußten dieses Ziel verfolgen, weil sie eben Künstler waren und ihrem naiven Drange folgen konnten. Heute aber wird dieser künstlerische Schaffensdrang verwirrt, gehemmt und gelähmt, weil wir unter der Suggestion jenes Hirngespinstes leben, das von Halbtalenten und Spekulanten ausgeheckt wurde. Die Kunst ist nicht dazu da, die Wirklichkeit nachzuäffen, sie ist selber eine Welt, die wir uns geschaffen haben, um uns von dem Niederdrückenden der anderen zu befreien, was ja einen Kampf gegen diese und somit eine praktische, eine sociale Wirkung nicht ausschließt. Diese Wirkung — die übrigens von den Modernen zwar theoretisch, aber nur selten in ihren Werken angestrebt wird — kann jedoch, soweit es sich um ein Kunstwerk handelt, immer nur Nebenwirkung sein. Der Zweck des Kunstwerkes ist Erquickung, Befreiung, Erhebung, seelischer Genuß, und erst wenn diese Erkenntniß in den aufstrebenden Gemütern wieder heimisch wird, wenn die philiströsen, jeden Anflug verhindernden Wirklichkeitsfesseln gebrochen sind, erst dann wird wieder die Kunst wie ein Phönix aus der Asche auferstehen.

Aber nun wieder zurück zu dem jungen Geschöpf, das wir werden sahen, dessen Wachsen wir aber noch nicht recht verfolgt haben. Wir kennen die Existenzbedingung der Kunst, wir haben es versucht, das Dunkel ihrer Geburt ein wenig zu lichten, nun wollen wir auch sehen, wie sich der Organismus weiter ausgewickelt hat.

Die Anlage zur Kunst teilt der Mensch, wie bemerkt, mit

den Tieren, aber wachsen konnte die Kunst aus ihren A[n]
fängen heraus nur unter dem Einfluß des höheren Inte[l]
lekts. Was wir jetzt in etwas eingeschränktem Sinne Ku[nst]
nennen, ist ein Produkt der Anlage (bei der Musik z. B. d[er]
Hörsphäre) und dieses Intellektes. Hält man das fest, so [ist]
es auch erklärlich, warum unter allen Künsten die Musik z[u]
letzt einen gewissen Höhepunkt erreichte. Sie steht zweifell[os]
dem Intellekt am fernsten, sie reicht noch weit mehr in d[ie]
geheimnisvolle Sphäre der Gefühlswelt als ihre Schweste[rn,]
sie entzieht sich dem bewußten Schaffen und Genießen a[m]
meisten. Kulturvölker wie die Inder, die Ägypter, die Jud[en]
kamen über den Genuß des Intervalls nicht hinaus, und d[ie]
alten Hellenen, ein so weit vorgeschrittenes Volk, dessen Bau[...]
ten und Bildwerke wir noch heute bewundern, dessen Poe[sie]
wir noch heute mit Verständnis genießen, ergötzten sich [in]
der Musik nur an dem ärmlichen Klange der Oktavenbegle[i]
tung. Erst die Troubadours des Mittelalters erfanden d[en]
zweistimmigen Gesang, und welcher Weg ist von ihren nüc[h]
ternen Quarten- und Quintenfolgen bis zu der Musik Mozar[ts]
und Beethovens! ... Die Kunst ist ein Produkt der Anla[ge]
und des Intellekts und deshalb ist sie ein Organismus, d[er]
sich so lange weiter entwickeln muß, so lange die Intellige[nz]
des Menschengeschlechtes fortschreitet, also für uns einstweil[en]
unabsehbar. Es ist dabei nicht nötig, sich zu fragen, ob d[ie]
Menschen wirklich gescheiter werden, ob z. B. das Durc[h]
schnittsgehirn unserer Kulturwelt demjenigen der alten He[l]
lenen überlegen ist, ob den Genies der Neuzeit eine höh[er]
entwickelte Nervenmasse zu teil geworden als den Genies d[er]
Griechen und Römer. Es handelt sich nicht um den Intelle[kt]
des Einzelnen, sondern um die Intelligenz der Gesamthei[t,]
und wenn wir den alten Kulturvölkern überlegen sind, [so]
kommt es wesentlich daher, daß wir eben die Früchte d[er]
Arbeit unserer Vorfahren genießen. Jede Generation erb[t]
das von den früheren Generationen erworbene, und unse[re]
Kinder stehen schon wieder auf einer etwas höheren Stu[fe]

als wir, weil ihnen auch der geistige Erwerb unseres Geschlechtes zu Gute kommt. Und weil die Kunst ein Produkt der Anlage und des Intellektes ist, so muß auch sie mit der fortschreitenden Intelligenz sich fortentwickeln, sie kann nicht aus der Welt verschwinden und kann auch im Wachstum nicht stille stehen, so lange die Gehirnthätigkeit der Menschen nicht erlahmt.

Diesen Einfluß des Intellekts unterschätzen nun leider die Anhänger der „alten Richtung." Die der neuen Richtung empfinden ihn zwar dunkel, aber sie wissen ihn nicht recht zu fassen und geraten so auf Abwege. Die Ursache, warum die künstlerische Bewegung in unserer Zeit eine so langewährende, so tiefgehende ist, warum sie eine Kluft aufgerissen hat, die scheinbar nicht überbrückt werden kann, und warum ihr trotz schwacher Erfolge doch starke Sympathien entgegengebracht werden — die Ursache all der widerspruchsvollen Erscheinungen, die in der Einleitung dieser Zeilen skizziert wurden, liegt hier. In unserem Jahrhundert hat der Intellekt der Menschheit, das geistige Erbe, das die jungen Generationen überkamen, infolge des plötzlichen Aufblühens der Naturwissenschaften, der Schlag auf Schlag folgenden großartigen Entdeckungen einen so rapiden Schritt nach vorwärts gemacht, daß alles, was unter dem Einfluß dieses Intellektes steht, stürmisch bewegt werden mußte — also auch die Kunst. Die Zeitkrankheit, die man zum Teil mit dem Namen „fin de siècle" getauft hat, und zum andern Teil damit taufen könnte, kommt vielleicht nur daher, daß die Nervencentra der Einzelnen dieser beispiellos jähen Steigerung der Gesamtintelligenz nicht genügend gewachsen sind. Was die Kunst betrifft, so mußten unter diesen Einflüssen plötzlich gesteigerte Ansprüche erwachsen und deshalb erscheinen dem intelligenteren Teile des Publikums die Nachahmungen des Alten kraftlos und farblos. Wir sehen, wir hören, wir empfinden nicht mehr so wie unsere Väter, und unter den Lesern dieser Zeilen wird gar mancher sein, der die Erfahrung gemacht hat, daß Werke, die er in seiner Jugend noch bewunderte, ihn jetzt kalt lassen. Das Bedürfnis nach dem abermaligen Fortschritt der Kunst ist allerorts bereits lebhaft erwacht, aber die Kunst war noch nicht imstande, dieses Bedürfnis zu befriedigen. Nicht weil unsere Zeit arm an Begabungen ist — ich glaube wenigstens nicht an eine solche Armut, — sondern weil man dem rapiden Umschwung noch hilflos gegenüber steht, weil die Kunst ihre neue Technik nicht mit entsprechender Geschwindigkeit auszubilden vermochte und weil man in dieser Hilflosigkeit auf Abwege geriet.

Der weitaus schlimmste dieser Abwege war die Theorie von der Nachäffung der Wirklichkeit, obwohl es begreiflich ist, daß gerade dahin die Hauptströmung ging. Der Fortschritt in der Technik der Kunst kann nur durch das Studium der Wirklichkeit, durch das Eindringen und Aufgehen in den neuen Geiste erzielt werden. Aber man blieb an der Wirklichkeit haften und geriet ganz und gar ins stoffliche hinein, was ja freilich sehr bequem ist, namentlich für die Halbtalente, denen es an dem rechten Inhalt fehlt, die nur Sinn für äußerlichen Schnickschnack haben und kaum ein anderes Streben, als das, zu verblüffen, und damit rasch Erfolge zu erzielen.

Aber der Abweg mußte vielleicht gemacht werden, um zu lernen. Kehren wir jetzt zurück auf den schönen gerade bergan führenden Pfad, auf dem die Kunst von jeher gewandelt und auf dem auch ihre Zukunft liegt. Diese Zukunft ist jedoch nicht die Kopie der Vergangenheit. Die neue Kunst kann weder Nachahmung des Alten noch Nachahmung der Wirklichkeit sein. Nur das Gefühl der Alten muß wieder in uns erwachen, dieser Schöpferdrang, der nach Befriedigung, nach einem in seinen Wonnen unbeschreiblichen Genusse ringt und dabei etwas hervorbringt, das auch den andern diesen Genuß, wenn auch in schwächerem Maße verschafft. Das Ziel der Kunst muß wieder in uns lebendig werden, wie es in den Künstlern der Vergangenheit lebendig war: zu erquicken, zu rheben. Aber die Mittel, mit denen wir arbeiten, können nicht mehr ganz die alten sein. Wir haben sie noch nicht rrungen. Wir haben noch nicht die Formen gefunden, in die der neue Geist gebannt werden kann, die Formen, die imstande sind, das wachgewordene Bedürfnis nach einer gewissermaßen nervöseren, die äußeren Eindrücke bestimmter und die Innenwelt subtiler erfassenden Kunst zu befriedigen. Aber wir haben schon viel gelernt und eines Tages wird es glücken. Wenigstens in der Poesie, der Musik und der Malerei kleineren Stils scheinen die Thore offen zu stehen. Die Malerei größeren Stils, die Bildhauerkunst und die Architektur haben freilich auch die ungünstigen socialen Verhältnisse entgegen und die Architektur kämpft überdies mit dem Material, sie hat z. B. das Eisen noch nicht künstlerisch zu bewältigen vermocht. Eine Architektur, die für den modernen Geist die Form gefunden, die wieder Inhalt, Charakter hat, eigenen Stil, wird wohl sobald nicht kommen.

Es ist natürlich unmöglich in beschränktem Raume alles zu sagen, was über ein Thema wie das der Kunst gesagt werden müßte. Aber es wird sich wohl Gelegenheit finden, noch an einen oder den anderen Punkt anzuknüpfen, vielleicht auch, die Künste einzeln zu behandeln und dann auf ihr Unterscheidendes mehr Rücksicht zu nehmen, als es hier anging. Der Zweck dieser Zeilen war ja nur der, von der künstlerischen Bewegung der Gegenwart ausgehend, die Frage nach der Kunst der Zukunft zu beantworten. Hoffentlich findet man, daß diese Aufgabe gelöst ist...

Geistige Begabung.

Woher kommt das Talent? Ich kenne nur zwei Fälle, daß eine ganz bestimmte, anscheinend engbegrenzte geistige Begabung sich in bemerkenswerter Weise vererbt hat: da Talent für Mathematik in der Familie Bernoulli, und dafür Musik in der Familie Bach. Reißmann führt in seinen kleinen „Handlexikon der Tonkunst" nicht weniger als achtzehn Musiker namens Bach an, zum Teil Vorfahren und zum Teil Nachkommen des großen Johann Sebastian, eine Reihe, die mit dem Jahr 1626 (Hans Bach) beginnt und mit der Gegenwart (Otto Bach) endet. Ähnlich ist es mit der Familie Bernoulli, die von Jakob (geboren 1654) bis zu Christoph Bernoulli (gestorben 1863) durchwegs bedeutende Mathematiker hervorbrachte. Aber diese beiden Fälle stehen vereinzelt, und ich weiß ihnen auf keinem Gebiet menschlicher Thätigkeit weitere, gleich drastische an die Seite zu stellen. Im Gegenteil — wenn man die Familiengeschichten hervorragender Männer durchblickt, macht man die Bemerkung, daß in den allermeisten Fällen das Talent ganz plötzlich auftauchte, wie ein Wunder wie eine farbenprächtige exotische Blume, die plötzlich in einem bescheidenen Hausgärtchen zwischen Kohlpflanzen und Salat Stiefmütterchen und Reseden erblühte. Und ebenso plötzlich wie es erschien, verschwindet es auch meist wieder — nur sehr selten finden sich unter den Nachkommen großer Männer wieder bedeutende Köpfe. Da es nun aber andererseits zweifellos ist, daß sich die seelischen und geistigen Eigenschaften ebenso vererben wie die körperlichen, daß in jedem Individuum die Besonderheiten seiner Vorfahren — bald mehr, bald weniger ausgeprägt — wieder erscheinen, so gewinnt die Frage: „Woher kommt das Talent?" — „Wieso erklärt sich sein jähes Erscheinen und jähes Verschwinden?" — ein erhöhtes Interesse. Um sie beantworten zu können, ist es übrigens nur nötig, den Begriff „Talent" etwas schärfer zu fassen, als es gewöhnlich geschieht, sich die „geistige Begabung" ein wenig genauer anzusehen.

In der Regel spricht man von kaufmännischem, militärischem, poetischem, musikalischem, technischem Talent u. s. w., und man glaubt, daß von diesen Talenten gerade das eine oder das andere dem Betreffenden angeboren sei. Die Natur weiß jedoch von diesen verschiedenen Talenten nichts, sie giebt es ebenso wenig Kaufleute, wie Maler, Musiker, Techniker u. s. w., und was in Wirklichkeit nicht existiert, kann sich natürlich auch nicht vererben. Die Gehirnthätigkeit eines jeden Menschen ist einfach eine Kombination aus den Thätigkeiten verschiedener Gehirnsphären oder verschiedenen „geistigen Gaben", deren Anzahl bekanntlich nicht groß ist. Beobachtungsgabe, Gedächtnis, Phantasie, Fähigkeit, Gedanken oder Thatsachen rasch zu verknüpfen, u. s. w. geben zusammen das intellektuelle Leben des Einzelnen, und da fügt es sich denn, daß z. B. der eine starke Beobachtungsgabe und wenig Denkfähigkeit, ein schwaches Gedächtnis, der andere lebhafte Phantasie, mangelhafte Sinne, gutes Gedächtnis besitzt u. dgl. m. Jede dieser Anlagen kann nun im Einzelleben durch Übung gesteigert werden, und die gesteigerte Anlage vererbt sich wie die Form der Nase oder des Brustkorbes. Wer sich mit dem Studium der Menschen andauernd beschäftigt hat, wird sicher zu der Bemerkung gekommen sein, daß unter den „Unbegabten" doch nur wenig sind, die nicht mindestens eine dieser Anlagen, sei es nun Beobachtungsgabe, Phantasie, Urteilskraft u. s. w. in immerhin reichlichem Maße besitzen. Die rohesten, dümmsten Klatschweiber, denen die einfachste Sache, wenn sie Denken, Überlegung erfordert, kaum beizubringen ist, zeigen oft eine Beobachtungsgabe, die einen

„naturaliſtiſchen" Schriftſteller beſchämen würde, und bisweilen hat der größte Einfaltspinſel ein ſo außerordentliches Gedächtnis, daß er ſich damit auf Jahrmärkten oder in Konzertſälen produziert. Das Talent iſt nun nichts anderes, als eine Kombination dieſer verſchiedenen, bald mehr, bald weniger hoch, aber immer über ein gewiſſes Niveau hinaus entwickelten Geiſtesgaben, und wenn es in einer Familie plötzlich auftaucht, ſo kommt das einfach daher, daß ſich die elterlichen Anlagen glücklich gekreuzt haben.

  „Vom Vater hab' ich die Statur,
  Des Leben ernſtes Führen,
  Vom Mütterchen die Frohnatur,
  Die Luſt zu fabulieren",

ſingt Goethe, und er wäre ſicher nicht der große Dichter geworden ohne des Vaters ernſten Geiſt, oder ohne der Mutter Frohnatur.

Talent iſt nicht eine geiſtige Eigenſchaft des Menſchen, es iſt eine Summe von geiſtigen Eigenſchaften, und nur nach dem verſchiedenen Stärkegrad der einzelnen Poſten ſind die Talente wieder verſchieden. In dem einen wiegt die Phantaſie vor, in dem andern die Urteilskraft, in dem dritten die Beobachtungsgabe u. ſ. w. Dabei kann aber naturgemäß die Verſchiedenartigkeit nicht ſo groß ſein, daß der ſtrenge Unterſchied, den man zwiſchen kaufmänniſchen, techniſchen, künſtleriſchen Talenten u. ſ. w. zu machen pflegt, gerechtfertigt wäre. Wer wirkliches Talent beſitzt, d. h. ein erhebliches Maß aller hauptſächlichen Geiſtesanlagen, der iſt nicht bloß zu einem Beruf geboren, er taugt mindeſtens für die Hälfte aller Berufsarten, und wenn er richtig erzogen worden iſt und die nötige Charakterſtärke beſitzt, dann wird es nur wenige Felder geben, auf welchen er nicht ſeinen Mann ſtellen kann, vorausgeſetzt, daß er die erforderlichen Kenntniſſe ſchon erworben hat oder erwirbt. Nur äußere Momente drängen die Talente in der Regel in eine eng abgegrenzte Laufbahn hinein, oder aus einer ſolchen wieder heraus — wie ſehr dies

Moderne Probleme. 21

te in der That bestimmend wirken, dafür läßt
drastisches Beispiel gewinnen, wenn man die
ngen verschiedener Zeiten miteinander ver=
lein Zufall, daß Italien im sechzehnten Jahr=
große Maler hatte, daß es in der zweiten
en Jahrhunderts in Frankreich so viele Ge=
er gab, daß wir von Klopstock und Lessing
Goethe und den Romantikern so viele be=
hatten, und daß heute das Talent sich zu=
Gebiet der Technik, der Naturforschung, der
Spekulation zeigt. Mag man nun diese oder
ins Auge fassen — die großen Talente er=
f jenen Gebieten in auffallend großer Zahl,
je Strömung der betreffenden Periode, die
eitgenossen besonders zugewendet ist. Das
ter Umständen bis zu einem gewissen Maße
ohn entbehren, aber nicht die geistige Atmo=
ennung, das Gefühl, zu wirken, den Wider=
erer erfolgreichsten Börsenhelden hat mir ein=
hem Gespräch sein Bedauern ausgedrückt, daß
ndert Jahren gelebt hat. Dann wäre er
! „Und warum sind Sie's nicht geworden?"
„Im vorigen Jahrhundert," erwiderte er mit
eln, „da war der Dichter ein Gott. Er war
en, zu dem jeder in scheuer Ehrfurcht auf=
ht man ihn im allgemeinen über die Achseln
spektiert nur denjenigen, dessen Einkünfte über
ben sind, das heißt, man respektiert eben die
Versen darf der Dichter überhaupt nicht mehr
ß sich in die Prosa verkriechen. Und sehen
unserer bedeutenden Prosaiker an. Welche
er denn ein, wie viel verdient er denn im
em, was viel geringere Talente und viel
skräfte auf anderen Gebieten erwerben und
eit bedeuten?" — Der Mann hat recht, und

es ist durchaus kein Zufall, daß wir nur ein ganz kleines Häuflein bedeutender Schriftsteller haben, und daß diese fast ausschließlich Prosa — Novellen, Romane, Zeitungsartikel und Theaterstücke — produzieren.

Aber auch von einer anderen Seite her kann man mit Illustrationen zu unserem Falle kommen. Es ist äußerst selten, daß ein talentvoller Mensch wirklich nur eine ganz eng begrenzte Begabung hat, die überwiegende Anzahl aller Talente ist vielseitig. Lionardo da Vinci war nicht bloß als Maler ausgezeichnet, sondern auch als Bildhauer, als Dichter, als Musiker, als Architekt und Ingenieur. Auch Michelangelo war nicht bloß Bildhauer, sondern Maler, Dichter, Ingenieur und Baumeister. Goethe war Naturforscher, er zeichnete, als Staatsmann kümmerte er sich um die winzigsten Kleinigkeiten der Staatsmaschine, und in seinen Schriften zeigt sich, daß ihm überhaupt kein Gebiet menschlicher Thätigkeit fremd war. Einer der kühnsten Finanzkünstler und Geldspekulanten, ein Handelstalent ersten Ranges und zugleich einer der geschicktesten Diplomaten und einer der größten Dichter war Beaumarchais. Der Philosoph Mendelssohn rang sich aus den armseligsten Verhältnissen als Kaufmann zum Wohlstand empor. Moltke war nicht bloß der größte Feldherr unserer Zeit, er war auch ein großer Schriftsteller und auf zahlreichen anderen Gebieten begabt. Nicht weniger häufig findet sich die Vielseitigkeit unter den Talenten geringeren Ranges, und wenn diese heute meist einseitig werden, so liegt es an äußeren Umständen, an dem Zwang der Brotarbeit oder an der Selbstbeschränkung, die in unseren Tagen bereits notwendig geworden ist, will man Bedeutendes leisten oder sich der Konkurrenz gegenüber behaupten. Auch wenn man über das Individuum hinausgeht, wenn man die Wege der Vererbung studiert, so findet man innerhalb weniger Generationen in einer Familie oft die erstaunlichste Vielseitigkeit — ich führe nur die Familie Feuerbach an, die einen Maler, einen Juristen und einen Philosophen hervorbrachte — einer so bedeutend wie der andere.

Wenn nun so viele Leute, die für talentiert gelten, in ihrem Berufe nichts Rechtes leisten und wohl auch über ihren „verfehlten Beruf" jammern, so kommt das daher, daß ihnen eben eine Haupteigenschaft fehlt, die zum wirklichen Talent erforderlich ist. Sie besitzen vielleicht Beobachtungsgabe, Gedächtnis, Phantasie, alles, alles, aber es mangelt ihnen die eigentliche geistige Triebkraft, der Arbeitsdrang, die Energie, dieses ewige Feuer in den Adern, das den Hirnkessel beständig heizt und die Lokomotive rastlos über die Schienen sausen läßt. Wenn sie schwätzen, erwecken sie den Eindruck von ganz gescheiten Leuten, aber machen können sie nichts, vor dem Handeln erlahmen sie. Ist ihr Charakter gutmütig, dann geben sie liebenswürdige Gesellschafter, geistreich scheinende Tischgenossen, ist er bösartig, dann enden sie als unerträgliche Krittler, die an allem etwas zu nörgeln haben und die Sonne vor lauter Flecken nicht sehen. Sind sie zufällig Schriftsteller, dann werden natürlich Kritiker daraus.

Doch nun wieder zurück zur Hauptsache. Ich habe diesem Büchlein den Titel „Moderne Probleme" gegeben, und ich glaube, daß wir hier zwei modernen Problemen auf der Spur sind, wobei noch besonders betont werden muß, daß das Gesagte ja nicht bloß für das Talent ersten Ranges gilt, sondern durch alle Stufen hinab bis zu dem bescheidensten.

Leider geht die Tendenz unseres Schulwesens noch immer dahin, die Menschen schon im Kindesalter nach einer bestimmten Berufsrichtung zu drängen, und infolgedessen ist auch die Angst vor dem „verfehlten Beruf" eine große geworden. Nun — wer die oben ausgesprochenen Anschauungen über das Talent zu teilen vermag, bei dem wird diese Angst sich zweifellos stark vermindern. Das wirkliche Talent ist sicher nicht bloß zu einem einzigen Beruf geboren, es wird sich in den meisten Berufsarten zurecht finden, und sollte es ja auf einen Kamelrücken geraten sein, dann wird es eines Tages doch im Pferdesattel die Rennbahn durchjagen. Freilich geht's dabei nicht ohne Leid und Kampf ab, und weil es

unsinnig ist, daß wir uns zu dem unvermeidlichen Leid noch
künstlich welches schaffen — schon deshalb muß man gegen
jene Tendenz der Schule kämpfen. Sie ist aber auch zwecklos;
es hat gar keinen Sinn, den Menschen schon frühzeitig für
einen ganz bestimmten Beruf zu drillen. Auch das geht aus
unserer Untersuchung über die geistige Begabung hervor. Entwickeln wir nur die Naturanlagen der jungen Leute ganz
einheitlich, bis sie einen gewissen Reifegrad erlangt haben —
die speciellen Berufskenntnisse werden sie sich dann leicht erwerben.

Das ist jedoch nur eine der „zeitgemäßen" Seiten dieser
Betrachtungen — die andere betrifft die zuletzt noch besonders
hervorgehobene Eigenschaft, welche das Talent haben muß,
die geistige Triebkraft, die Energie, den Arbeitsdrang. Alle
geistigen Anlagen werden durch die Erziehung erst entwickelt,
sie können gehemmt werden, unterdrückt und gesteigert. Nun
hat man seither ohnedies mehr Wert auf die Ansammlung
von Kenntnissen, auf die Entwicklung des Gedächtnisses u. s. w.
gelegt als auf diese nötigste aller geistigen Eigenschaften,
auf diesen eigentlichen Lebensquell des Talentes, und in
unserer Zeit ist überdies ein unseliges Etwas lebendig geworden, das sich gegen die Arbeit auflehnt. Man sieht vielfach in der Arbeit nicht mehr das frohe Spiel der eigenen
Kraft, die Befriedigung eines Naturtriebes, die ebenso nötig
ist und ebenso erquickend sein müßte, wie die Befriedigung
des Hungers und Durstes, man stellt sie als eine Last hin,
als ein Übel, das uns nur der schreckliche Kampf ums Dasein auferlegt. Die wenigsten sind noch imstande, Leute zu
begreifen, die viel arbeiten, und zwar nur deshalb arbeiten,
weil ihnen die Arbeit Bedürfnis ist, das halbe Leben, weil
sie dabei gesund und froh werden, und Neid und Scheelsucht
heften sich gar oft an die Fersen solcher Arbeitsmenschen.
Es ist eine geradezu komische Furcht vor Überanstrengung in
unserer Zeit, die meisten aber von denen, die sich wirklich
überanstrengen, thun es nicht mit Arbeit, sondern mit soge-

nanntem Vergnügen. Auch das Jammern über „verfehlten
Beruf" entspringt gar oft nur dem mangelnden Arbeitstrieb,
und das höchst bedenklich gewordene Herummaschen an künst=
lerischen Berufen, die Sehnsucht so vieler unserer jungen Leute
nach dem Theater, nach der Litteratur u. s. w. kommt zumeist
nur daher, daß sich die Betreffenden in dem Wahne wiegen,
da gäbe es eben keine Rackerei, da genüge das „Talent".
Papier, Feder und das Talent (das der junge Mann oder
die junge Dame natürlich hat) und der Schriftsteller ist fertig.
Und doch giebt es keinen Beruf, der so viel rastlose Energie,
so viel eisernen Fleiß, so viel nimmermüde Arbeitslust er=
fordert, als der des Künstlers oder Schriftstellers. Das
Publikum sieht freilich nichts davon, aber wer auf irgend
einem dieser Gebiete etwas Erhebliches leistet, der weiß, daß
es ihm kein Gott geschenkt hat, daß er eiserner Fäuste bedurfte,
ums zu erringen, daß er's nicht erreicht hätte, gäbe es in
seinem Leben nur einen einzigen Sonntag, nur einen einzigen
Achtstunden=Arbeitstag!

Pflanzen wir also in die jungen Seelen, so weit, als es
im einzelnen Falle gehen mag, diese Lust an der Arbeit, diesen
Drang zur Thätigkeit! Öffnen wir ihnen das Herz dafür,
daß Arbeit keine Last ist, sondern ein Vergnügen, das Glück
des Lebens. Daß man mit der Arbeit nicht bloß sein Brot
erwirbt, daß sie uns emporhebt, unser Talent erst lebendig
macht, unser Menschentum steigert, und daß sie uns nebenbei
gesund erhält und uns allein die Fähigkeit schenkt, das Üble
der Welt zu überwinden und das Schöne recht zu genießen.
Menschen aber, in denen dieser Arbeitstrieb lebendig ist, die
sind auch immer gut, Menschen, die von ihrer Arbeit erfüllt
sind, haben keine Zeit, an Erbärmlichkeiten zu denken, und
so giebt es gerade in unseren Tagen vielleicht keine bessere
Medizin für die Welt, keine bessere Heillehre, als das eine
Wort: „Arbeitet — lernt die Arbeit lieben!"

Die Frau des „kleinen Mannes".

Von der Erziehung unserer jungen Damen wird gegenwärtig sehr viel gesprochen; man hat längst eingesehen, daß diese teilweise falschen Zielen nachgeht, und bemüht sich, darauf hinzuwirken, daß bei der Heranbildung der Frauenwelt nicht auf den Erwerb blendenden Bildungsflitters, sondern auf jenen gründlicher, nutzbringender Kenntnisse gesehen werde. Die Frau soll in erster Linie dasjenige Gebiet vollkommen beherrschen, das ihr eigenstes — das der Hausfrau — ist, und daneben in die Lage gesetzt werden, daß sie für sich selber sorgen kann, falls die Not an sie herantritt. Wenn nun auch dieses Ideal der weiblichen Erziehung lange noch nicht erreicht ist, so wird es doch bereits ernstlich angestrebt, man hat das Übel erkannt und begonnen, es zu bekämpfen. Merkwürdigerweise bleibt aber der Blick dieser Kämpfer immer bei den Mädchen der wohlhabenden Klassen und nur wenige finden es der Mühe wert, sich einmal in jenen Kreisen umzusehen, aus denen der Arbeiter, der kleine Handwerker, der Halbbauer in der Nähe der großen Städte sich die Hausfrau sucht. Und doch wären diese Mädchen sicherlich besonderer Aufmerksamkeit wert, denn sie spielen durchaus keine nebensächliche Rolle in unserem Gesellschaftsorganismus. Sie greifen direkt in unsere Kreise ein, weil wir unter ihnen unsere Dienstboten wählen, und sie sind — was natürlich noch unendlich wichtiger ist — dazu berufen, jener großen Masse, die nur zu leicht unzufrieden wird und auch einige Ursache hat, es zu sein, geradezu als Schutzengel zur Seite zu stehen. Der Arbeiter, der ein sanftes, heiteres, sparsames und geschicktes Weib besitzt, ist in der Regel ein ganz anderer Mensch, als jener, der an einen faulen, unwirschen Hausdrachen gekettet ist. Man wandere nur einmal in den Kreisen der „kleinen Leute" umher und man wird fast immer trotz der Armut dort Glück und Zufriedenheit finden, wo ein tüchtiges Weib im Hause ist. Der Mensch will nicht bloß arbeiten, er will auch genießen, er will auch seine Freude haben und zur Arbeit ermuntert sein. Die geschickte Frau, die sich auf den Haushalt versteht, die auch mit Wenigem schmackhaft zu kochen weiß, wird damit ihrem Manne das Haus behaglich machen, und weil ihr alle diese Arbeit selbst flink von Händen geht und ihr eigentlich nur ein Spiel ist, wird sie dabei freundlich, heiter sein und so neue Fesseln knüpfen, während ihre ungeschickte Nachbarin den Mann verdrießlich macht und ihn ins Wirtshaus treibt, weil er zu Hause nichts findet als eine kalte, rauchige Stube, ungenießbares Essen und ein unfreundliches Gesicht. Ist sie sparsam, so wird sie dem Manne zu manchem Genuß verhelfen und dabei noch manches zurücklegen können, so daß er Freude am Erwerb gewinnt; vor allem aber wird der Mann eines tüchtigen Weibes, wenn er nicht an und für sich schon eine bittere Natur ist, vor der Verbitterung und Verzweiflung bewahrt bleiben; sein Heim wird wie die Sonne sein, die auch über eine öde, rauhe Landschaft noch den milden Zauber der Versöhnung breitet, und der Gedanke an dieses Heim und die lindernde, helfende Hand des Weibes werden ihn oft vor dem Schlimmsten bewahren.

Wie sieht es aber nun in Wirklichkeit mit den Frauen der kleinen Leute aus? Nach den Beobachtungen, die ich machen konnte, schlimm, sehr schlimm. Die meisten derselben verstehen sich auf das Hauswesen noch weit weniger als viele Frauen der wohlhabenderen Stände, sie finden sich, wenn sie erst einmal verheiratet sind, in nichts zurecht, verstehen sich nicht aufs Sparen, lassen sich betrügen, verderben die Speisen, zerbrechen jede Woche für einen Tagelohn Geschirr, und wenn sie Feuer anzünden sollen, dann verbrauchen sie eine halbe

Schachtel Zündhölzchen und dreimal so viel Holz, als nötig wäre, ganz abgesehen davon, daß sie dann noch eine halbe Stunde lang das Fenster offen halten müssen, um den glücklich erzeugten Rauch wieder hinauszubringen. Sie werden mit keiner Arbeit fertig, jede mißlingt ihnen, bald verbrennen sie sich die Finger und bald zerreißen sie sich das Kleid, und so ist es kein Wunder, wenn selbst bessere Gemüter unter ihnen mürrisch und verdrossen und endlich ganz apathisch werden. Noch weniger als diesen Bedürfnissen des Tages sind sie aber schwierigeren Dingen gewachsen und bei der unbedeutendsten Kinderkrankheit müssen sie — ein Gegenbild zu ihren Großmüttern — sofort den Arzt zu Rate ziehen, wenn sie nicht, wie häufig, sich gänzlich gleichgültig verhalten und die Dinge ungehindert ihren Lauf gehen lassen.

Ein Gegenbild zu ihren Großmüttern, habe ich gesagt und das gilt ganz allgemein, denn in der That scheint es in jenen Zeiten anders gewesen zu sein. Diese uralten Frauen können in der Regel nicht lesen und schreiben, aber sie verstehen sich auf ihre Hausarbeit, sie haben einen oft überraschenden Scharfblick, sie sind frisch und flink im Gegensatz zu ihren Enkelinnen, die faul und stumpf sind. Natürlich giebt es da wie dort Ausnahmen, aber man kann solche allgemeine Fragen nicht anders erörtern, als wenn man den Durchschnitt nimmt. Und im Durchschnitt ist es trotz der „Fortschritte der Civilisation", trotz der gebesserten Schulverhältnisse und mancher anderer Dinge, die besser wurden, mit den Mädchen der unteren Stände entschieden nicht besser, sondern schlimmer geworden.

Was sind nun die Ursachen dieser Erscheinung? Im Wesentlichen sind sie in nichts anderem zu suchen, als in der allgemein wach gewordenen Lust zu möglichst unabhängigem, fessellosem Leben und zu möglichst geringer Anstrengung, zu möglichst leichtem Erwerb. Es ist eine Thatsache, die ich hundertmal beobachtet habe und noch täglich beobachte, daß ein solches Mädchen, eine solche Frau lieber hungert und

lieber in Lumpen geht, ehe sie sich über ihre gewohnheits=
mäßige Thätigkeit hinaus anstrengen oder ihre „Freiheit" auf=
geben würde. Am Sonntag zu klatschen, ist keine Sünde,
aber einen Strickstrumpf zur Hand zu nehmen, das wäre ein
Verbrechen. Und eine Arbeit, für die man nicht glänzend be=
zahlt wird, nur ja nicht übernehmen! Da sitzt man lieber
unter der Hausthür und gähnt oder leert einen Napf schmutz=
farbenen Kaffeewassers nach dem anderen! Wenn man ge=
bildete Frauen betrachtet, die in den besten Verhältnissen auf=
gewachsen sind und in den besten Verhältnissen leben und
trotzdem oft zehnmal mehr arbeiten als solch ein Geschöpf,
das den Mann arbeiten läßt und die Hände in den Schoß
legt, dann ist es schwer, sich des Zornes zu enthalten. Doch
ist es nicht immer so schlimm und in den meisten Fällen ist
eher Mitleid als Zorn am Platze. Diese armen Geschöpfe
sind nicht erzogen, wie sie erzogen werden sollten, sie sind
vielleicht von geldsüchtigen oder wirklich notleidenden Eltern
ausgenützt worden oder sie haben zum mindesten der Zeit=
strömung gegenüber keinen festen Halt gefunden, niemand
hat ihnen ernstlich geraten, ergreifend zu Gemüt gesprochen,
ihnen die Augen für das Leben geöffnet.

In früheren Zeiten ließen selbst wohlhabendere und ge=
bildetere Leute ihre Töchter ein paar Jahre lang dienen, da=
mit sie Dinge lernten, die sie zu Hause nicht lernen konnten,
damit sie in andere Hauswesen blickten, ihr Urteil an Ver=
gleichen übten, Erfahrungen sammelten und — nicht zuletzt
— damit sie sich in eine andere Gemeinschaft als die gewohnte
fügen lernten, damit sie sich, wie man sagte „abschliffen".
Heute scheuen selbst arme Teufel, die nicht einmal das nötigste
Brot im Hause haben, jedes intimere dienstliche Verhältnis
wie ein gebranntes Kind das Feuer. Die Freiheit über alles,
d. h. das, was sie unter „Freiheit" verstehen: Willkür. So
kommt es, daß die Mädchen nicht mehr dienen wollen oder,
wenn sie in irgend einer Zwangslage doch einen „Dienst"
suchen müssen, widerspenstige, eigensinnige, unzuverlässige Dienst=

boten abgeben. Ich wohnte lange Zeit auf dem Lande, i[n]
der Nähe einer großen Stadt. Wer dort ein Dienstmädche[n]
benötigte — ob nun „Honoratiore" oder Bauer — muß
sich dasselbe aus der Stadt oder aus weiter Ferne komme[n]
lassen. Die Mädchen aus der Gegend zogen es sämtlich vo[r,]
trotz verhältnismäßig geringeren Verdienstes in die Fabrike[n]
zu gehen. Ähnliche Fälle habe ich auch an anderen Orte[n]
beobachtet, und wieder anderswo beschäftigen sich die Mädche[n]
mit mehr oder weniger mechanischen Arbeiten, die sie in[s]
Haus bekommen. Der beste (und auch ziemlich häufige) Fa[ll]
ist noch der, daß ein Mädchen sich zu gewissen häusliche[n]
Arbeiten, wie Spülen, Waschen, Plätten, Kohlenschleppen un[d]
so weiter, verdingt und im übrigen ihre eigene Herrin bleib[t.]

In allen diesen Fällen wird nun die Erziehung der zu[-]
künftigen Frau des kleinen Mannes schwer geschädigt. Da[s]
tägliche Amusement wird ihr im Gegensatz zum Dienstmäd[-]
chen, das in der Regel nur halbmonatlich „Ausgang" hat[,]
zum Bedürfnis. Ihr Eigensinn wird nicht gebrochen, si[e]
lernt nicht, sich fremdem Willen unterordnen, oder lernt e[s]
wenigstens nicht in dem Maße, wie ein Dienst sie es lehrt[.]
Sie kommt nicht in innigere Berührung mit verständigere[n,]
gebildeteren und erfahreneren Personen, in deren Verkehr da[s]
Dienstmädchen „abgeschliffen" wird und tausend kleine Ding[e]
lernt, die ihr dann in ihrem Haushalte, ihrem Mann un[d]
ihren Kindern gegenüber zum Vorteil gereichen. Die Kunst
hauszuhalten, die man nur von tüchtigen Hausfrauen un[d]
auch da nur langsam, durch stets neue Erfahrungen lernt,
bleibt ihr mit sieben Siegeln verschlossen, und endlich — un[d]
das ist die Hauptsache — ihr natürlicher Verstand wird durch
die mechanische und stets sich gleichbleibende, meist gar keine
Anforderung an geistige Kräfte stellende Beschäftigung abge=
stumpft, und an diese Beschäftigung gewöhnt, wird sie bei
jeder andern schwerfällig, verzagt, müde — sie macht endlich
den Eindruck eines stumpfen und faulen Geschöpfes, ohne daß
sie das von Natur aus war.

Moderne Probleme. 31

einem Haushalt aber ist — ganz abgesehen
sen, die man erwirbt, dem praktischen Nutzen,
zieht — stets bildend und erziehend, denn
dige Abwechslung und sie beansprucht nicht
, sondern auch den Geist, sie nötigt zu be=
cken, Kombinieren, Überlegen, Erraten u. s. w.
he Operation, wie z. B. das Feuermachen,
ehr Überlegung, als manche Fabrikarbeiterin
Leben verbraucht.
Schattenseite dieser Zustände ist das Herunter=
ienstes dieser Klasse von Mädchen, denn da=
aus dem häuslichen Kreise herausdrängt und
n mehr „dienen" will, ist das Angebot an
und Maschinenarbeit so groß geworden,
ig dafür eine über alle Maßen kümmerliche
Stadt, in welcher der Durchschnittslohn für
wendbares Dienstmädchen fünfzehn Mark für
gt, kenne ich Mode=Ateliers, in welchen eine
g 1 Mark bis 1 Mark 50 Pfg. bekommt.
in mit ihrem Gehalt von 25 bis 35 Mark
esserer Leute", sie muß einen gewissen Bil=
n und muß sich selber wie eine Modedame
gegen nicht die Dienstmagd mit ihren fünf=
oder für Kost noch für Wohnung zu sorgen
illante" Stellung? Und wie unsäglich küm=
Erwerb der meisten jener Mädchen, die in
! Würde nicht alles zu diesen freien Be=
n, dann würde die Bezahlung naturgemäß

elle Seite des Gegenstandes tritt aber weit
er socialen Bedeutung, seiner Bedeutung für
berhaupt. Die Frau ist ja im Grunde ge=
des Gesellschaftskörpers, des Staates, der
zerfallen müßte. Sie ist es in den unteren
t, weit mehr als in den oberen, weil dort

das grause Ungeheuer der Not beständig an der Familie un
damit an der Wurzel des Staates nagt, weshalb die Fra
in viel höherem Grade jene zusammenhaltenden Eigenschafte
besitzen muß, die den Zerfall verhindern. Schützen wir des
halb vor allem die Frau, pflegen wir das eigenste Wese
derselben und vergessen wir über unseren eigenen Frauen, übe
deren Erziehung ja so viel hin und her geschrieben wird, nick
jene der „kleinen Leute". Diese Frauen haben nicht wenig
jener Fäden in Händen, deren Verknotung wir die „social
Frage" nennen!

Kinderspielzeug.
Kleine Randglossen zu einem großen Thema.

In dem Atelier eines befreundeten Malers machte ich dieser Tage die Bekanntschaft eines jungen Mannes von neun Jahren. Herr Arthur wurde porträtiert, und um ihm die Zeit ein wenig zu vertreiben, hatte der Künstler seine gesamten Bilderbuch=Schätze auf einem Taburett aufgehäuft. Es war das ein stattlicher Stoß der prächtigsten Kinderschriften, alle elegant, überreich ausgestattet, wie es die Mode verlangt, voll der prunkendsten Farben und mit teilweise wirklich künstlerisch ausgeführten Zeichnungen. Aber Herr Arthur hatte, als er sie flüchtig durchgesehen, nur ein blasiertes Lächeln für die ganze Herrlichkeit und sagte dann mit einer wegwerfenden Gebärde: „Ach Gott, das kenn ich alles. Da hab ich schon viel mehr zerrissen."

Mir war es in diesem Augenblick, als tauchte meine eigene Jugend wie aus Nebelschleiern vor mir auf. Meine Eltern konnten mir keine Bilderbücher kaufen und das einzige, was ich je besaß, war ein stark beschädigter „Robinson," den mir eines Tages ein Kamerad geschenkt hatte. Dieser „Robinson" wurde mir aber auch ein wahrer Herzensfreund, ich trug ihn fast immer bei mir und ich besaß ihn noch, als ich schon Schopenhauer und Darwin las. Heute noch denke ich manchmal mit wehmütiger Freude an die zaubervollen Stunden zurück, die ich meinem „Robinson" verdanke.

Ich besaß keine Bilderbücher und ich kann mich auch nicht entsinnen, daß mir je ein nennenswertes Spielzeug gekauft wurde. Ich weiß wohl, daß eine Zeitlang ein kleiner Schub=

karren mein Ideal war, aber ich habe dieses Ideal nie erreich[t]
Dafür brachten mich meine Eltern jeden Sommer zu ein paa[r]
armen alten Leuten auf das Land, wo ich freilich auch kein „Spie[l]
zeug" bekam, aber tausend Dinge fand, die mir unvergeßlich[e]
Freuden bereiteten. Von dem herrlichen Mühlenbauen i[m]
Straßengraben will ich gar nicht reden, denn man muß a[uf]
dem Lande wohnen, um das genießen zu können, und ma[n]
darf keine Mama haben, die auf reinliche Höschen hält. Abe[r]
was für Schätze sammelte ich in Wald und Feld und w[ie]
gesucht waren diese Schätze im Winter bei meinen kleine[n]
Freunden und Freundinnen, was für köstliche Spiele spielte[n]
wir damit! Eicheln und Bucheln, schöne glatte Kiesel un[d]
abenteuerlich geformte Schneckenhäuser, Tannenzapfen un[d]
Galläpfel, Pfaffenhütchen und Haselnüsse, Schmetterlinge un[d]
Käfer, getrocknete Blumen und Blätter, Kiefernnadeln, die si[ch]
so schön in Päckchen sortieren ließen, und die glänzende[n]
Blütenfäden des Kukuruz, die uns in die Lage versetzte[n]
einen äußerst schwunghaften Handel in Seide zu betreiben.

Und auch zu diesen Bildern aus meiner Jugend weiß i[ch]
ein Gegenstück zu erzählen. Im vergangenen Sommer be[-]
gleitete ich eine Dame mit ihren Kindern durch den Wal[d]
und noch heute schwirrt es mir in den Ohren, was ich d[a]
zu hören bekam. „Ach Gott, wo wollt ihr denn mit de[n]
vielen Blumen hin? Mist machen im Zimmer, nicht wahr?"..
„Pfui, Eugen, wer wird Steine in die Tasche stecken!"..
„Ach, greif doch den garstigen Käfer nicht an"... „Helen[e]
was willst du mit dem dummen Zeug? Schau, wie dein[e]
Tunique aussieht! Und deine Frisur! Diese Kinder! Si[e]
haben so viel Spielzeug und müssen immer so viel Schmu[tz]
nach Hause schleppen".

Und noch ein anderes Bild. Eine Frau, die ihrem Manne[,]
einem kleinen Beamten, der die Seinen recht kümmerlich er[-]
nährt, Vorwürfe macht, daß er gar nichts ausgeben will fü[r]
Spielzeug. Dem Manne kommen die Thränen in die Auge[n]
und er sieht nach seinen Kindern, die emsig mit allerlei Holz[-]

teln und kleinen Papierkunststücken spielen.
en noch Schiffe aus Papier und kleine Klap=
halen gemacht und er wagt es seine Frau
rn. Sie aber lacht auf und meint: „Das
Etwas könnten unsere Kinder doch haben!
uch nicht reich und doch hat die Elsa erst
)e mit Haaren bekommen und der Hans einen
Blech." — „Und heute," erwidert der Mann,
e geklagt, daß die Puppe bereits zerbrochen
en ein unförmiger Blechklumpen sei, und ich
ans recht vergnügt mit einem Haufen alter
aus denen sie allerlei menschliches und un=
ten" . . .
der Bilder. Was ich mit diesen Zeilen be=
leine Fehde gegen den Luxus, den wir mit
reiben. Wir glauben unsern Kindern etwas
ind träufeln Gift in ihre Seele. Wir machen
blasiert, putzsüchtig und erfreuen sie mit all
einmal, besonders weil wir nur an unserem
ere Liebhabereien denken, statt uns in die
ien zu versetzen. Ich liebe nichts mehr auf
e Kinder, weil mich ihre rührende Genüg=
ber, mit dem ihre Phantasie ein Stück Holz
t Lappen umkleidet, immer erquickt wie ein
onnenbrande. Und diese so unsagbar glück=
tehen so wenige von uns Alten! So wenige
diesen Seelenzustand zu versetzen und zu be=
Wert des Spielzeugs für die Kinder nicht
rkeit und auch nicht in der ihm gegebenen
idern darin, was ihre noch junge Phantasie

Spielen für das Kind eben auch eine geistige
et, treten wir auch der Entwicklung seiner
nend in den Weg, wenn wir ihm aus Vor=
he Höschen, wohlgeordnete Tuniques und

3*

saubere Zimmer alles nehmen, womit es selber etwas schaffen kann, und ihm nur Dinge in die Hände geben, die zumeist schon fertig geformte Gegenstände sind, und ihm deshalb höchstens einen Augenblick lang Interesse einflößen können. Armer Junge, der die Rute bekommt, weil er seinem neuen Chinesen den Bauch aufgeschlitzt hat, um das Innere desselben zu untersuchen. Was soll er mit dem dummen Chinesen machen, wenn er nicht einmal seinen köstlichen Forschungstrieb daran befriedigen darf!

Kinderspielzeug! Es scheint so unbedeutend, und doch sind die kleinen Glossen, die wir daran knüpfen, zu einem großen Thema gehörig. Die Ungenügsamkeit, das Haschen nach Prunk und Schein, die Anbetung des Geldwertes und unter „günstigen" Umständen selbst die Blasiertheit impfen wir unsern Kindern ein, statt daß wir unsere eigenen Seelen an ihrer fröhlichen Bescheidenheit, an ihrer bewundernswerten Zufriedenheit erquickten und gesunden ließen. Und überdies wird der Thätigkeitstrieb des jungen Gehirns gehemmt, wenn wir dem kleinen Wesen die hundert und hundert fertig geformten Dinge in die Hände geben, die man heutzutage in den Spielwarenläden sieht, statt sie selber schaffen zu lassen.

Es fällt mir natürlich nicht im entferntesten ein, die Spielwaren zu bekriegen. Ich wende mich nur gegen den übertriebenen Luxus auf diesem Gebiete und möchte andererseits diejenigen, die mit grollenden Herzen an den Schaufenstern der Spielwarenhandlungen stehen, daran erinnern, daß man auch recht arm sein und doch das schönste und beste Kinderspielzeug der Welt besitzen kann. Ein Sandhaufen im Freien und Bausteine im Zimmer — wie wenig kostet das, wie nützlich ist es für Geist und Körper und was für immer neue Freuden bietet es den Kindern! Immer und immer neue Paläste und was für wunderbare Gestalten formt man aus Sand, was für architektonische Kunststücke kommen da zu stande, ganz abgesehen von den appetitlichen Kuchen, die stets mit Vorliebe gebacken werden! Und dann Lappen, an denen die Mädchen schneidern, Holz, an dem die Jungen schnitzen! Zwirnspulen, in deren Verwendung die kleinen Leute eine unerschöpfliche Phantasie zeigen, Kästchen und Schächtelchen, die sich gar mannigfach umgestalten lassen! Papier, aus dem man Fächer und Schirme, Fahnen und Ketten, Schiffe und Wagen, Hüte und Häuser fertigt und noch unendlich viel mehr! Und endlich alle die Schätze, die man in Wald und Feld findet, die man von den Spaziergängen heimbringt — wie wenig kostet das und wie herrlich spielt es sich damit!

Freilich — das Herrlichste von allem ist Mühlenbauen im Straßengraben. Das weiß ich aus eigener Erfahrung, und ich bin überzeugt, daß selbst der blasierte Herr Arthur daran Gefallen finden würde. Aber wo sind die Mamas zu finden, die es mit den Höschen nicht gar so genau nehmen!

Moderne Zauberei.
Ein Versuch zur Erklärung der hypnotischen Erscheinungen.

„Sie glauben also an diesen Schwindel?" sagte neulich hell auflachend eine Dame, als in unserm kleinen Kreise das Gespräch auf den Hypnotismus gekommen war. Verschiedene Gesichter wandten sich mit spöttischem Ausdruck zu mir, während am anderen Ende der Tafel ein Herr sich mit den Fingerspitzen ganz sonderbar über die Stirn strich und Miene machte, etwas zu entgegnen. „Von Glauben oder Nichtglauben kann da doch keine Rede mehr sein," erwiderte ich. „Wenn von den Herrschaften noch niemand in der Lage war, hypnotischen Experimenten beizuwohnen, so haben Sie doch gewiß alle schon in den Zeitungen von den Thatsachen gelesen, die glaubwürdige Zeugen berichten." — „Ach, diese glaubwürdigen Zeugen!" lachte die Dame nun wieder. „In früheren Zeiten gab es Leute, die den Taschenspielern glaubten, einen Cagliostro, Saint-Germain u. s. w. ernst nahmen, und heute geht es eben mit dem Hypnotismus so. Von Ihnen wundert es mich aber, da Sie doch Naturwissenschaften studiert haben." — „Es giebt sogar berühmte Ärzte, meine Gnädige," unterbrach der Nachbar die Dame, „die sich von diesen sogenannten Medien düpieren lassen. Sie haben doch neulich vom Professor Krafft-Ebing gelesen, von der Person, die sich auf seinen Hokuspokus hin wie ein Kind gebärdete, wie ein Kind sprach, schrieb u. s. w. Der Herr Professor wird ja nicht lügen, aber wer beweist uns, daß er nicht getäuscht wurde? Ich falle auf diesen modernen Zauber nicht

Moderne Probleme. 39

rein. Übrigens war ich vor Jahren einmal bei einer Sitzung, wo ein gewisser Jemand, den ich nicht kannte, dazu gebracht wurde, auf einem Stuhle im Zimmer herumzureiten. Als ich aber den Mann aufforderte, mich zu hypnotisieren, da gelang's ihm nicht. Wenn Sie etwa auch ein solcher Zauberer sind, Herr Doktor — bon, nehmen Sie eine Flasche Salmiak und wenn ich ihn für Portwein trinke, dann will ich den Salmiak verschmerzen und Ihnen glauben." — Nun entstand plötzlich eine ganz merkwürdige Bewegung in der Gesellschaft. Es war, als ob sich mir alles näherte. Einige Gesichter lächelten zwar noch spöttischer, die Damen aber sahen mich dafür geradezu zärtlich an und meine Nachbarin legte ihre Hand auf die meine und sagte schmeichelnd: „Ach ja, lieber Doktor, hypnotisieren Sie uns ein bißchen." — „Es thut mir leid," erwiderte ich, „daß ich nicht dienen kann. Zum Gesellschaftsspiel ist der Hypnotismus durchaus nicht geeignet, solche Versuche gehören in das Laboratorium des Forschers, in das Zimmer des Arztes." — „Kann einem das bißchen Magnetismus denn wirklich gefährlich werden?" — „Gewiß. Übrigens möchte ich bemerken, daß die hypnotischen Erscheinungen mit irgendwelchem Magnetismus durchaus nichts zu thun haben." — Nun wandte sich der Herr mit den Fingerspitzen zu mir. „Sie glauben nicht an magnetische Kräfte? Ja, wie wollen Sie denn dann die Hypnose erklären? Wie könnte der Hypnotiseur denn das Medium so in seine Gewalt bekommen, wenn nicht ein Fluidum von ihm ausströmte?" — „Man könnte auch annehmen, daß eine Hirnlähmung bewirkt wird," unterbrach ein anderer. „Wenigstens wird es behauptet, ich habe es erst kürzlich irgendwo gelesen." Ich schüttelte den Kopf und lachte. „Darf ich den Herrschaften einen kleinen Vortrag halten, der das Geheimnis der modernen Zauberei enthüllen soll?" Natürlich rief alles ja und so erzählte ich, was ich zu sagen hatte.

Ich habe dieses Gespräch an die Spitze meiner Betrachtungen gestellt, weil es die Veranlassung dazu bot, weil sich mir seitdem die Überzeugung aufgedrängt hat, daß es keine undankbare Aufgabe sein dürfte, ein größeres Publikum über einen Gegenstand aufzuklären, über den die wunderlichsten Ansichten verbreitet sind und der durchaus nicht bloß für den Psychologen, den Naturforscher ernstes Interesse hat, dem es auch an praktischer Bedeutung nicht fehlt. Es hat sich ja in der jüngsten Zeit sogar eine gewisse Furcht vor dieser Erscheinung herausgebildet und phantasievolle Köpfe haben uns an alle Wände den Verbrecher gemalt, der seine Opfer in hypnotischen Schlaf versenkt.

Was mich betrifft, so verfolge ich die Entwicklung dieser „modernen Zauberei" seit zwölf Jahren, seitdem ich in einem Kreise von Naturforschern den Experimenten Hansens beiwohnte, der damals die ganze Gesellschaft von Ungläubigen zu Gläubigen machte. Neuerdings habe ich durch die Liebenswürdigkeit des praktischen Arztes Dr. J. Großmann in Berlin, der einer der hervorragendsten Kämpfer für die Anwendung der Hypnose als Heilmittel ist, Gelegenheit gehabt, meine Anschauungen zu klären und zugleich eine Reihe hochinteressanter Versuche mit praktischen Endzwecken kennen zu lernen. Ich konnte die körperliche Wirkung der hypnotischen Suggestion bei einigen Patienten des Dr. Großmann (die ihre Einwilligung zu meiner Anwesenheit gegeben hatten) studieren und bin so auch in der Lage, über die modernste Streitfrage auf diesem Gebiete etwas berichten zu können.

Den meisten der Leser werden die hypnotischen Erscheinungen wenigstens aus ihrer Lektüre bekannt sein und von diesen wieder werden die meisten wissen, daß es sich dabei durchaus nicht um irgend welche Betrügereien handelt, daß die Thatsächlichkeit dieser Erscheinungen von der Wissenschaft längst anerkannt ist. Alle diese Phänomene haben zur gemeinschaftlichen Grundlage die „Suggestion", das heißt die Eingebung von Vorstellungen durch Worte oder Handlungen. Hat der Hypnotiseur durch ein geeignetes Verfahren die Hyp=

nose eingeleitet, so versinkt die Versuchsperson in einen schlaf=
ähnlichen Zustand und läßt sich nun von dem Hypnotiseur
beliebige Vorstellungen aufzwingen — „suggerieren." Hansen
ließ seiner Zeit einen bekannten Naturforscher in eine Kar=
toffel beißen — er hatte ihm suggeriert, es sei eine Birne.
Dr. Großmann sagte zu einer Hypnotisierten: „Da ist ein
leerer Stuhl, bitte, setzen Sie sich darauf", und sie setzte sich
sofort auf meinen Schoß. Auf das weitere Verlangen, ihm
näher zu rücken, schleppte sie dann den Stuhl samt meiner
Wenigkeit fort. Es giebt verschiedene Grade der Hypnose und
in jedem einzelnen Falle treffen durchaus nicht alle Erschei=
nungen ein. Sieht man davon ab, so lassen sich die letzteren
in drei Gruppen aufführen: Die der Befehlsautomatie, die
der suggerierten Hallucinationen und die der Schmerzlosigkeit.
Der Hypnotisierte vollführt die ihm gegebenen Befehle, er
weicht mit allen Zeichen des Schreckens zurück, wenn man
ihm eingiebt, daß ein wütender Hund auf ihn zukommt, er
trinkt Tinte für Champagner (Hallucinationen) und endlich
werden Nadelstiche und dergleichen als bloße Berührungen
oder gar nicht empfunden. Bemerkenswert ist noch, daß
Glieder auf Befehl nicht nur in ungewohnten Stellungen
festgehalten werden, daß die Muskeln dabei in der That er=
starren, wie bei der Starrsucht, der Katalepsie. Auf die rein
körperlichen Wirkungen kommen wir später noch zu sprechen,
dagegen seien hier gleich noch die sogenannten posthypnotischen
Wirkungen erwähnt, d. h. Wirkungen, welche eintreten, nach=
dem die Versuchsperson wieder erwacht ist. Unter Umständen
kann man nämlich die Versuchsperson auch dazu bringen,
einen in der Hypnose empfangenen Befehl später, im Zustand
des Wachens, auszuführen.

Das ist in knappen Zügen ein Bild der Hypnose, das
viele Leser durch zahlreiche Details ergänzen werden. Man
hat ja oft genug von diesen Dingen gelesen. Was die
Herbeiführung der Hypnose betrifft, so hört man darüber aller=
dings meist nur Falsches, weil die älteren Verfahren immer

den Anschein erweckten, als handle es sich um magnetisch Einflüsse und dergl. Ich will mich auch über diesen Gegenstand hier nicht näher verbreiten und mich darauf beschränken, die Methode Dr. Großmanns, die eine Vervollkommnung jener von Liebault und Bernheim ist, mitzuteilen. „Zunächst suggeriere ich,“ berichtet Dr. Großmann, „jedem Patienten die Suggestibilität. Dem Skeptiker begegne ich am besten durch folgendes kleine Experiment: Ich sage ihm, daß ich — was er nicht glaubt — auf die Bindehaut seines Augapfels drücken könnte, ohne daß er seine Lider schließen, ‚zwinkern‘ würde. Das Experiment gelingt fast immer und das Gelingen dieser Suggestion erhöht die Empfänglichkeit oft schon so sehr, daß der einfache sofort erfolgende Schlafbefehl genügt, um sofortige Hypnose eintreten zu lassen. Im anderen Falle lasse ich den auf einem Fauteuil nicht angelehnt sitzenden, oder noch besser auf einem Diwan in halb sitzender, halb liegender Stellung befindlichen Patienten mich einige Sekunden fest fixieren. Ich suggeriere ihm nun, daß ein Gefühl der Wärme seine Glieder durchziehe, daß vor allem seine Arme, die auf den Knieen aufliegen, bleischwer würden. Bei diesen Worten hebe ich diese, bei den Handgelenken erfassend, ein wenig in die Höhe und lasse sie mit einem leichten Ruck meiner Hände plötzlich fallen. Sie fallen anscheinend bleischwer auf den Knieen auf, der Patient hat thatsächlich das Gefühl außerordentlicher Müdigkeit in seinen Armen, wie es mir fast allseitig bestätigt worden ist. Nun kommt, wenn ich noch nicht den etwas starren Ausdruck im Blick, das nur wenige Sekunden anhaltende Anzeichen dafür, daß der Schlafbefehl Erfolg haben dürfte, bemerke, der Haupttric. Ich bitte den Patienten, seine Augen zu schließen, oder schließe sie ihm schnell selbst, ergreife seine Handgelenke bei rechtwinklig nach oben flektierten Unterarmen und suggeriere, daß er so müde würde, daß er sich nicht mehr aufrecht halten könne, vielmehr unbedingt hintüber falle. Dabei drücke ich ihn selbst mit minimalen Rucken allmählich hintüber, bis er mit dem Kopf an der Fauteuillehne angelangt ist, und erteile, wenn überhaupt noch nötig, den Schlafbefehl. Wie mir von meinen Patienten versichert wird, wird so ein unbezwingliches Müdigkeitsgefühl erzeugt, wohl basierend auf einem leichten Schwindelgefühl, von dessen Eintreten sich ein jeder leicht überzeugen kann, wenn er in sitzender Stellung bei geschlossenen Augen sich selbst langsam ziemlich tief hintüber legt. Der Vorgang muß sich natürlich in wenigen, längstens 6—10 Sekunden abgespielt haben und erfordert allerdings einige Übung".

Der Leser wird schon aus diesem Hypnotisierungsverfahren entnehmen, daß es sich bei der ganzen Zauberei weder um magnetische noch um dämonische Einflüsse handeln kann. Es deutet aber — im Gegensatz zu den Handgriffen mancher älteren Hypnotiseure — auch nicht darauf hin, daß der armen Versuchsperson Hirnlähmungen und dergl. beigebracht würden. Bei Patienten, die schon wiederholt hypnotisiert sind, geht die Sache sogar noch viel einfacher. Der Doktor läßt sie hinsetzen, sagt: „Schlafen Sie" und die Hypnose ist da. Man gewinnt den Eindruck, als ginge überhaupt nichts Außergewöhnliches vor, man denkt an eine Mutter, die ans Bett des schreienden, weinenden Kindes tritt, ihm den Kopf zurecht legt und zärtlich flüstert: „Nun schlafe, mein Liebling." Gar viele Leserinnen werden die Erfahrung gemacht haben, daß der Liebling aufhört, unartig zu sein, und eine Minute später bereits seine Augen geschlossen hat und schläft.

Und da sind wir denn auf den Punkt gekommen, von dem aus diese moderne Zauberei sich sehr leicht erklären läßt. Man muß nur nicht gleich aus einem Extrem ins andere fallen, und sobald man einsieht, daß es sich weder um Schwindel noch um Wunder handeln kann, verlangen, daß man nun ein Gehirn hinmalt wie eine Maschine und das Gehirnphänomen wie die mechanische Arbeit der Maschine erklärt. Schlagen wir dagegen den psychologischen Weg ein, so wird uns der Hypnotismus bald kein Rätsel mehr sein — umsoweniger, als wir eigentlich alle beständig unter dem Einfluß von Suggestionen stehen, die uns entweder von andern gegeben werden („Fremdsuggestion") oder die wir uns selbst geben („Autosuggestionen").

„Die hypnotischen Phänomene" — habe ich oben gesag — „haben zur gemeinschaftlichen Grundlage die Suggestion das heißt die Eingebung von Vorstellungen durch Worte ode Handlung." Nun lassen wir uns solche Vorstellungen thatsächlich fortwährend eingeben und bisweilen acceptieren weit Kreise sogar die allerunsinnigsten Vorstellungen, Vorstellungen mit denen man sich oft selbst materieller Vorteile begiebt sich zum Sklaven macht, sich ins Unglück stürzt. Für mich hat sich die ganze Geschichte der Menschheit längst in eine Reihe hypnotischer Experimente aufgelöst, unterbrochen durch das Aufschreien jener kleinen Minderheit, die Fremdsuggestionen nicht zugänglich ist. Nur so lassen sich jene historischen Ereignisse begreifen, die uns heute geradezu unglaublich erscheinen. Aber blicken wir uns doch in unserer nächsten Nähe ein wenig um. Da sehen wir vernünftige, ausgezeichnete Männer, die sich als Gigerln kleiden, tadellose Frauen, die es über sich bringen, das übliche Ballkostüm anzulegen, Redner, die mit den durchsichtigsten Lügen Begeisterung erregen, Bücher, die ebenso langweilig als dumm sind und die plötzlich alle Welt liest, unbedeutende Menschen, die über Nacht berühmt werden, Helden à la Boulanger, denen eine ganze Nation zujubelt und die nicht das Geringste geleistet haben. **Die Suggestibilität ist eine psychische Eigenschaft der überwiegenden Mehrheit aller Menschen und durch geschicktes Verhalten kann man sie leicht noch enorm erhöhen.** Es handelt sich nur darum, ein Wesen, das sich gern seines Urteils und bis zu gewissem Maße auch seiner Willkür begiebt, das gern bereit ist, zu glauben, soweit zu bringen, daß Urteil und Willkür fast ganz beseitigt werden. Daraus geht schon hervor, daß die hypnotische Suggestion bei starken Zweifelnaturen gar nicht oder nur sehr schwer gelingt, und um so eher gelingt, je mehr die betreffende Person

wünscht. Wodurch unterscheidet sich nun die
...gestion von der Wachsuggestion, die wir im
... auf Schritt und Tritt beobachten können?
... erweckt durch sein Verfahren in der Ver=
...Vorstellung, daß sie in Schlaf versinkt. Er
... wirklich ein, sondern er erzeugt eine Schlaf=
... bei tieferer Hypnose geht diese in einen
Zustand über. Die Versuchsperson glaubt in
... — ihr diesen Glauben einzuflößen, darin
... Kunst des Hypnotismus. Ist diese Sug=
..., so zeigt sich nun aber sofort eine viel stär=
...ität, eine noch weit größere Neigung, irgend
...gen zu acceptieren, als im Wachzustande.
zurückzuführen, daß unser Gehirn nicht im
... Thätigkeit auf zwei Dinge gleichzeitig mit
...ät zu richten. Wer in eine interessante Lek=
...beit, die ihn fesselt, vertieft ist, hört nicht,
... gesprochen wird. Mir selbst ist es oft ge=
...ß ich, mit meinen Gedanken beschäftigt, auf
...m Freund ins Gesicht starrte und ihn doch
... — er mußte mich erst am Arme fassen und
... ich denn erblindet sei. Die Versuchsperson
... ihre Schlafillusion versunken und sagt ge=
...allem andern, was ihr vorgesagt wird, ja,
... so leichter, als auch ihre Augen geschlossen
...uche es einmal, jemand bei festgeschlossenen
...heinander Wein, Milch, Tinte u. s. w. zu
... und man wird erfahren, daß er dieselben
... unterscheiden kann. Der Hypnotiseur schläfert
...anze Gehirn ein, er lähmt es nicht und auch
...ile desselben, er bewirkt durch rein psychische
... Urteil und Willkür eingeengt werden, sich
... über die niederen Nervencentren mehr oder
...dig begeben. Damit sind die Erscheinungen
...natie sowie die Illusionen (Hallucinationen)

ohne weiteres erklärt. Aber auch hinter das Geheimnis d[er]
Unempfindlichkeit gegen Nadelstiche u. dergl. wird man bal[d]
kommen, wenn man sich nur erinnert, daß wir selbst se[hr]
starke körperliche Schmerzen nicht mehr fühlen, wenn unse[re]
Aufmerksamkeit sehr intensiv auf etwas anderes gericht[et]
wird. Mitunter kann das schon durch interessante Lektü[re]
geschehen, jedenfalls aber geschieht es durch eine Arbeit, d[ie]
den ganzen Menschen gleichsam aufzehrt, wie die des Dichter[s]
und Denkers, oder durch eine starke Inanspruchnahme na[ch]
der Gefühlsrichtung, durch ein unerwartetes Glück, ein plötz[-]
lich hereinbrechendes trauriges Ereignis. Was sodann di[e]
Wirkung auf die Muskeln, die Erscheinungen der Starr[e]
betrifft, so nötigen sie uns nun freilich aus dem Gebiet de[r]
Psychologie hinüber in das der Physiologie. Es ist nötig[,]
darauf hinzuweisen, daß diese Einengung des Urteils un[d]
des Willens so viel heißt als vorübergehende Ernährungs[-]
störung jener Gehirnpartieen, an die Urteil und Willen ge[-]
bunden sind. Auch außerhalb der Hypnose wirken solch[e]
Störungen aber auf die Muskeln und Gefäße — der ganz[e]
Körper wird ja von dem Centralnervensystem aus durch di[e]
Nerven regiert. Man erinnere sich an die verwandten Er[-]
scheinungen des Errötens und Erblassens, oder an die Läh[-]
mungen, die infolge von Schreck oder dergl. entstehen. Ma[n]
kennt Fälle, in denen durch psychische Wirkung vorübergehen[d]
die Sprache, der Geruch, der Geschmack verloren ging, un[d]
ich könnte einen Mann anführen, der durch eine große Er[-]
regung auf einem Auge erblindete und dann ohne ärztlich[e]
Eingriffe wieder genas.

Damit sind wir nun auf die physiologischen, die rein[-]
körperlichen Wirkungen der Hypnose gekommen und auf di[e]
Möglichkeit, sie zu Heilzwecken auszunützen. Der eigentlich[e]
Gegenstand dieser Betrachtung erlaubt mir nicht, näher dar[-]
auf einzugehen, aber man wird nach dem Gesagten begreifen[,]
daß unter günstigen Umständen durch hypnotische Suggestion
alle möglichen körperlichen Wirkungen erzielt werden können

Moderne Probleme. 47

— jeder Teil unseres Körpers wird ja, wie oben schon bemerkt, von dem Centralnervensystem aus regiert. So sah ich denn auch, wie Dr. Großmann durch Suggestion Blutungen stillte, Schweißabsonderung hervorrief, leichte Hautentzündung erzielte, die Verdauung beeinflußte u. a. m. Ich will übrigens diese Zeilen nicht schließen, ohne noch die Harmlosigkeit und Gefahrlosigkeit der Hypnose hervorzuheben, sofern dieselbe eben nur von einem erfahrenen Arzte für Heilversuche eingeleitet wird. Selbstverständlich muß derselbe zum Hypnotisieren das Geschick haben, und dann wird er auch den Patienten nur freundliche, heilsame Suggestionen geben. Andererseits kann der ungeschickte Hypnotiseur natürlich das Nervensystem ernstlich gefährden, und wer sich zum Spaß oder als Schaustück immer wieder hypnotisieren läßt, wird endlich sein Urteil und seinen Willen nicht mehr bloß vorübergehend „eingeengt" haben. Was endlich die Furcht vor dem hypnotisierenden Verbrecher betrifft, so wird sich der Leser dieser Zeilen jetzt wohl von selber sagen, daß sie sehr stark übertrieben ist. Man kann einen Menschen auf diese Weise nicht überfallen. Wer sich nicht hypnotisieren lassen will, wer nicht selbst den Wunsch mitbringt, bei dem bleibt jeder Versuch erfolglos oder er gelingt erst nach oft wiederholten, schwierigen Experimenten. Die Verbrecher werden auch in Zukunft die bekannten, schnell und sicher wirkenden Mittel vorziehen, und was jene ganz willenlosen, urteilslosen, leichtgläubigen Geschöpfe betrifft, denen die Sache leicht gefährlich werden kann, so wird es ihnen ja auch die ganz gewöhnliche Wachsuggestion, von Menschen ausgeübt, die vom Hypnotismus keine Ahnung haben. —

Die Göttin des Jahrhunderts.

Stolz und sicher steht sie da, hochaufgerichtet, mit einer überlegenen Lächeln in den kühlen harten Zügen, eine Flitter krone in der erhobenen Rechten, das Haupt umstrahlt vo einem sonderbar blendenden Lichte, das weit, weit in di Ferne dringt. Wer ist sie denn, diese Göttin? Die Elet tricität etwa? Oder die Wissenschaft? Die Technik? Ach nei — nichts von alledem — ich glaube wenigstens, daß mi niemand unrecht giebt, wenn ich als die Göttin des Jahr hunderts die Reklame erkläre! —

Allerdings — im ersten Jugendalter steht unsere Götti gerade nicht mehr. Im Grunde genommen ist ja auch da Augenblitzen und das Lächeln einer Wilden Reklame, un der erste Mensch, der sich über seine Genossen zu einer ge wissen Machtstellung emporschwang, hat möglicherweise scho etwas von der „Kunst sich geltend zu machen" verstanden Die Kulturgeschichte des Altertums zeigt uns, daß es scho damals an Reklame-Talenten und Reklame-Genies nicht fehlte aber wie unser Jahrhundert die Naturwissenschaften auf vor her nicht geahnte Höhen führte, so geschah es auch mit de Reklame, und überdies war es unserer Zeit vorbehalten, di Reklame zu popularisieren, das Monopol der besonders fü Reklame Begabten zu brechen und allen die Mittel an di Hand zu geben, mit denen sie ihr Licht gehörig leuchter lassen können. Der Gipfel dieser Höhe wird freilich erst dann erreicht sein, wenn man öffentliche Kurse für den Unterricht in der Reklame einrichtet und in den Lehrplan der Volks= schulen wenigstens die Elemente der neuen Wissenschaft auf=

nimmt. Notwendig wird die Kenntnis derselben mit jedem
Tag mehr, denn es wird beständig schwerer, sich der stets
anwachsenden Konkurrenz gegenüber geltend zu machen, die
Neugierde zu wecken, die Aufmerksamkeit auf sich zu lenken.
Und das natürliche Talent zur Reklame ist eben so selten, wie
irgend eine andere hervorragende Begabung. Einfälle, wie
ener Gastwirt, der, um seine angesammelten Fleischreste rasch
abzusetzen einfach den Kellnern auftrug, bei jedem Gange
nach dem zur Küche führenden Schalter laut zu rufen: Szege=
diner Goulasch — Szegediner Goulasch — und wieder Szege=
diner Goulasch — solche Einfälle, die, wenn sie nur geschickt
eingeleitet, stets zum Absatz des „Szegediner Goulasch" führen,
hat nicht jeder. Es darf auch das nächste mal nicht wieder
Szegediner Goulasch sein und man muß schon etwas Phan=
tasie haben, um dann die Sache als Bulgarisches Zwiebel=
fleisch oder Bismarck=Ragout unter die Leute zu bringen.

Die Meister der Reklame sind die Amerikaner. Vielleicht
ist die wilde Jagd nach dem Erfolg, die sich in den jäh auf=
blühenden Staaten entwickeln mußte, die Ursache davon, daß
das Reklame=Talent, das ja, wie alle anderen Talente geweckt
werden muß, dort stets in erster Linie in Anspruch genommen
und damit gekräftigt und fortentwickelt wurde. Wo aber viele
Talente nach einer Richtung hin wirken, dort wird die be=
treffende Kunst auch mit der Zeit popularisiert — man kann
Ähnliches in allen Städten beobachten, wo sich bedeutende
Malerschulen aufgethan haben, wo die Musik besondere Pflege
findet u. s. w. So wird es wohl auch mit der Reklame in
Amerika gegangen sein und so ist Amerika zur Hochschule
dieser Kunst oder Wissenschaft geworden. Man vergleiche nur
die amerikanischen mit den deutschen Zeitungen, und man
wird sofort erkennen, daß wir nur Nachahmer sind, und daß
unsere Schüchternheit, unsere Scheu, wenn man will auch
unser Anstandsgefühl oder unsere Vorurteile uns sogar hin=
dern, das was die Yankees ersonnen haben, einfach auch zu
thun. Schon die äußere Anordnung der Inserate in den

Zeitungen beweist, wie verschämt wir noch sind. Die Am[erikaner] nehmen keine Rücksicht auf den sonstigen Inhalt d[es] Blattes, sie stellen die Inserate dorthin, wo sie am meist[en] in die Augen fallen, mitten hinein zwischen sentiment[ale] Novellen, ernste politische Betrachtungen, lyrische Gedichte, drucken sie bisweilen sogar mit anderer Farbe auf eine lit[e]rarische Arbeit, die der Name eines hervorragenden Auto[rs] ziert. Wie anders ist es in Deutschland! Da stehen die I[n]serate alle hübsch beisammen hinter dem Text, und wenn e[in] Blatt einen leisen Versuch unternimmt, auf den Spuren d[er] Männer des Westens zu wandeln — das Publikum nimm[t] es bald übel. Ja selbst der übliche Inseraten-Anhang, d[er] doch immerhin auch anregenden Stoff bringt, ist manche[m] ein Dorn im Auge — erhielt doch erst kürzlich eine hervo[r]ragende Zeitschrift einen Beschwerdebrief des Inhalts, da[ß] man das Abonnement aufgeben würde, wenn das betr. Bla[tt] fortführe, so viel Inseratenbeilagen zu machen. Selbstve[r]ständlich ist auch der Schreiber dieser Zeilen kein Freund d[er] rücksichtslosen Manier der Amerikaner. Aber sich darüber z[u] ärgern, daß man als Zugabe zu etwas noch einen mit G[e]schäftsempfehlungen bedruckten Bogen Papier mehr bekomm[t] — das weicht doch, milde ausgedrückt, ebenso weit nach d[er] entgegengesetzten Richtung von der berühmten „goldene[n] Mitte" ab.

Übrigens sind die Amerikaner nicht bloß Virtuosen de[s] Annoncen-Wesens, sie scheuen auch sonst vor nichts zurüc[k,] wenn es gilt Reklame zu machen. Weder die Felswände de[s] Niagara-Falles noch die Mauern ihrer Kirchen sind ihne[n] heilig, es giebt kaum ein Plätzchen, das sicher wäre, nicht mi[t] Reklamen bemalt oder mit Plakaten beklebt zu werden. Seals[-] field, der geniale Schilderer amerikanischen Lebens erzählt mi[t] köstlichem Humor eine Scene, die sich auf einem Mississippi[-] Dampfer abspielte. Ein Neger fing auf dem Verdecke Strei[t] an, und es kam so weit, daß er von ein paar Gentlemer[n] tüchtige Prügel erhielt. Auf sein Jammergeheul kam nur aus der Kajüte ein Mann herauf, der den unter Schmerzen sich windenden Burschen mit einer Salbe bestrich. Kaum war das geschehen, als der Schwarze auch schon wieder freudig lächelte und dankbar erkärte, keine Schmerzen mehr zu fühlen. Das hatte die Universalsalbe von Mr. X. Y. gethan! Ein Seitenstück zu dieser dem Leben abgelauschten Geschichte ist es, wenn ein Händler die Nachricht verbreiten läßt, er werde wegen seiner Schleuderpreise demnächst unter Kuratel gestellt werden, oder wenn ein Hutmacher Bilder verteilt, auf welchen man einen Dandy erblickt, der sich rasiert und dabei statt eines Spiegels — einen Cylinder von N. N. benutzt. In Chicago kam kürzlich der Besitzer einer großen Möbelhandlung auf den Einfall, in dem riesigen Schaufenster seines Geschäftes eine — Trauung vollziehen zu lassen. Die Menge der Gaffer war so groß, daß die Polizei nur mit Mühe die Ordnung aufrecht zu halten vermochte. Das Pärchen, das sich zur Schaustellung hergegeben hatte, wurde natürlich entlohnt und zwar mit einer vollständigen Hauseinrichtung. Daß den Yankees die Komik dieser Art, Reklame zu machen, nicht entgeht, beweisen die Humorblüten, die man fast in jeder Nummer eines amerikanischen Witzblattes findet. Vor einiger Zeit las man in einem solchen die folgende Notiz: „Eine New-Yorker Firma hat bekannt gemacht, daß sie allen Kahlköpfen in den größeren Städten des Landes, in denen sich Theater und Konzertlokale befinden, ein angemessenes Honorar zu zahlen bereit sei als Entschädigung dafür, daß sich die betreffenden Glatzen-Inhaber Geschäfts-Annoncen auf ihren Schädel malen lassen und sich verpflichten, jahraus jahrein mindestens viermal wöchentlich im Parkettraum eines Theaters oder Konzertlokales zu erscheinen und Sonntags regelmäßig eine Kirche, ganz gleich welchen Bekenntnisses, zu besuchen, nur Synagogen orthodoxen Stiles ausgenommen, da man dort mit der Kopfbedeckung die Andacht zu verrichten pflegt." Echt amerikanisch war übrigens auch der Einfall einer bekannten deutschen Weingroßhandlung, in allen Städten, in

denen sie Filialen besitzt, von einer eigens zu diesem Zwec[k]
geworbenen Künstlergenossenschaft Konzerte geben zu lasse[n]
deren Reinerträgnis den Armen der betreffenden Städte z[u]
gute kam, und auch mein Freund, der Zeitungsverleger S[.]
hat gerechten Anspruch, mit den Amerikanern verglichen z[u]
werden. Um sein neugegründetes Zeitungsunternehmen popu[-]
lär zu machen, besoldete er eine kleine Armee von Leuten, d[ie]
in den Restaurationen und Cafés der Stadt, namentlich i[n]
der Nähe von Stammtischen postiert wurden und die Aufgab[e]
hatten, recht auffallend nach der neuen Zeitung zu frage[n]
das Gespräch darauf zu lenken, sie zu rühmen und zur Lektü[re]
interessanter Artikel anzuregen. Der Mann verdankt de[m]
Einfall das Milliönchen, dessen Besitzer er gegenwärtig ist.

Nicht weniger Aufmerksamkeit als der Art der Reklam[e]
wenden die Amerikaner ihrer Form zu. Sie fangen mi[t]
Bismarck oder der Königin von Spanien an, man liest ge[-]
spannt weiter und findet endlich die Empfehlung eines Schnei[-]
ders oder Schuhmachers. Auch bei uns ist diese Ankündigun[g]
längst populär geworden. Vor einiger Zeit fand man i[n]
zahlreichen Blättern eine Notiz unter dem Titel „Der neuest[e]
Theaterskandal." Da wurde in ziemlich spannender Form vo[n]
allerlei komischen Störungen erzählt, welche im X=Theater ei[n]
Mensch durch seine immer wiederkehrenden Hustenanfälle er[-]
regte. Endlich kam es sogar zu laut geführten Debatten, z[u]
einem derartigen Skandal, daß einige Anwesende schon in[1]
Begriff waren, den Hustenden vor die Thüre zu setzen. Plötz=
lich aber erhob sich ein anderer Theaterbesucher, reichte ihm
eine Y=Pille und siehe da — der Mann hustete nicht mehr.
Ein bekannter Cigarrenfabrikant inserierte einige Monate lang
an verschiedenen Orten in folgender Form: Diebe sten Ci=
garren, welche Mörder ischen Rauch machen u. s. w. u. s. w.
Die Worte Diebe und Mörder waren sehr groß, alle übrigen
sehr klein gesetzt, und die Annonce erreichte sicher ihren Zweck,
denn wessen Augen werden heutzutage durch die Worte „Diebe"
und „Mörder" nicht angezogen? Daß man auch bisweilen

Moderne Probleme. 53

das Maß des Zulässigen weit überschreitet, beweist folgende
„Tagesneuigkeit" aus einem angesehenen Wiener Blatte
vom 11. Juli 1886: „Zum Tode des Königs von
Bayern. Als die Nachricht von dem jähen Tode des Kö=
nigs Ludwig in die Hauptstadt kam, da trat an die Beamten=
und Lehrerschaft Münchens die Notwendigkeit heran, sich auch
mit Trauerkleidern zu versehen. Es wurden plötzlich in Mün=
chen Unmengen von schwarzen Anzügen bestellt, und die dor=
tigen Schneider konnten beim besten Willen den Anforderungen
nicht genügen. Unter solchen Umständen blieb ganzen Kor=
porationen und Beamtenkörpern nichts übrig, als sich nach
auswärts zu wenden. Der Ruf unseres ersten Etablissements
in dieser Branche, des Hauses Rothberger ist in München
ebenso fest begründet, als in Wien, und dies erhellt wohl am
besten die Thatsache, daß bei Rothberger am Stephansplatz
brieflich und auch telegraphisch nicht weniger als 468 schwarze
Anzüge zur Trauerfeier bestellt wurden. Schon achtundvierzig
Stunden nach eingetroffener Bestellung begab sich ein Ange=
stellter des Hauses Rothberger mit den fertigen Anzügen nach
der bayrischen Hauptstadt und zeigten sich sämtliche Persön=
lichkeiten, denen Kleider geliefert wurden, höchlichst befriedigt.
Gestern sind nun an Herrn Rothberger Dankschreiben aus
München eingetroffen, in denen erklärt wird, daß die Quali=
tät der Stoffe, der Geschmack der Façon tadellos waren.
Besonders interessant ist es, daß in mehreren dieser Briefe
hervorgehoben wird, daß die Preise trotz der Fracht und des
Zolls den in München üblichen gleich waren." Und das
alles angeknüpft an ein so tragisches, erschütterndes Ereignis
wie es der Tod König Ludwigs II. war!

Seit einiger Zeit findet man in den Blättern frankierte
Postkarten angeboten, die zu 4 Mark pro Hundert verkauft
werden. Wer ein solches Hundert kauft, hat also eine Mark
erspart und seine Postkarten unterscheiden sich von den üb=
lichen nur dadurch, daß an der schmalen Seite ein Satz ge=
druckt ist — die Empfehlung jenes Artikels, für den Reklame

gemacht werden soll. In einer englischen Zeitung, die vor mir liegt, finde ich ein Theaterreferat über eine Aufführung der Kameliendame. In demselben befindet sich folgende Stelle: „Im letzten Akte stirbt bekanntlich Marie Gautier an der Schwindsucht (Hätte sie Thempfers Sirup getrunken, die Flasche zu drei Schilling, so wäre ihr das nicht passiert u. s. w." Eine bekannte Pariser Geschäfts=Agentur übernimmt es, für irgend welche Gegenstände in der Weise Reklame zu machen, daß sie von den Schauspielern der kleinen Pariser Theater im Lauf des Stückes an geeigneter Stelle erwähnt werden. Ein Verfahren, das an jenen englischen Pillenfabrikanten erinnert, der Charles Dickens zehntausend Pfund Sterling bot, wenn er die betreffenden Pillen durch eine Person in seinem nächsten Romane empfehlen ließe!

Einen großartigen Aufschwung hat in neuester Zeit die Kunst=Reklame genommen. Auch früher sind ja in dieser Beziehung schon interessante Stückchen geleistet worden. So hat Gutzkow einen Roman unter dem Namen des damals gerade sehr begehrten Bulwer erscheinen lassen, Willibald Alexis seinen „Walladmor" unter dem Namen Walter Scott, Bodenstedt eroberte sich das Publikum in der Verkleidung Mirza Schaffys und der französische Novellist Merimée erregte die Aufmerksamkeit durch angebliche illyrische Volkslieder „La Guzla", die er unter dem Namen Miglanowich herausgab. Diese Gedichte hatte er jedoch selbst geschrieben und ich glaube, er wußte nicht einmal genau, wo sich Illyrien befindet. Aber wie harmlos sind diese kleinen Manöver gegenüber dem modernen Reklame=Betrieb! Wir haben eine ganze Litteratur entstehen sehen, die nur aufs Lärmmachen gegründet ist. Halbtalente und jämmerliche Stümper suchen dem Publikum ihre Ware aufzudrängen mit Hilfe eines Ringes, der in echt amerikanischer Manier vor keinem Mittel zurückscheut, um der Welt Sand in die Augen zu streuen. Am meisten erreicht man da mit Hilfe des Theaters — im Theater kann man ja geradezu Gewaltmittel anwenden. Wie das unter

Umständen gemacht werden kann, mag uns eine Erzählung
der Thaten eines älteren Pariser Theaterleiters Florence zei=
gen. „Er ließ zunächst bekannt machen," heißt es da, „daß
das Haus für die ersten zehn Vorstellungen ausverkauft sei,
und diejenigen, welche Billets zu kaufen wünschten, wurden
auf die elfte Vorstellung vertröstet. Bei den zehn ersten Vor=
stellungen wurde das ganze Haus mit Leuten gefüllt, die nicht
zahlten und dafür im Schweiße ihres Angesichts applaudierten.
Als endlich die Reihe an das zahlende Publikum kam, hatte
das Stück einen überall ausposaunten, ungeheuren Erfolg er=
rungen. Mit fieberhafter Neugierde sah man den Aufführungen
entgegen und Florence that das seinige, daß das zahlende
Publikum, das ohnehin schon so stark beeinflußt war, dann
noch weitere Suggestion erhielt. Nicht bloß Klatscher wurden
in die verschiedenen Räume geschickt verteilt, auch Damen, die
bei den rührenden Stellen in Thränen ausbrechen und ohn=
mächtig werden mußten. Niemand wollte dann zurückbleiben,
neun Zehntel aller Vertreterinnen des schönen Geschlechtes
weinten mit. Darüber wurde dann täglich in den Zeitungen
in den lebhaftesten Farben berichtet und so wurde die Sen=
sation so groß, daß das Schimpfen einzelner nur dazu bei=
trug, die Neugierde noch mehr anzuregen. Auf diese Weise
gelang es Florence, mit einem mittelmäßigen Stück hundert
Aufführungen und mehr zu erzielen, und man weiß, daß er
mit seinem System — Schule gemacht hat." — Wie schwer
es selbst einem mit sensationellen Mitteln begabten Künstler
wird, ohne Reklame die „Höhen des Lebens" zu erreichen,
das habe ich aus dem Munde des Tenoristen Mierzwinsky
erfahren, zur Zeit als derselbe eben Mode geworden war.
Ich wunderte mich darüber, daß er verhältnismäßig so spät
unter die „Sterne" kam, denen man fast jeden einzelnen Ton
mit Goldstücken bezahlt, und er antwortete fast wehmütig:
„So wissen Sie, ich bin holt dummer Kerl. Jetzt oder hob
ich gescheiten Impresario." Und in der That — eben zu jener
Zeit verging kein Tag, an dem man nicht Merkwürdiges von

Mierzwinsky las. Gestern hatte er sich verlobt und heute wurd die interessante Verlobung wieder dementiert. Gestern hatt er einen märchenhaft teuren Palast in Warschau angekauf und heute reiste Pauline Lucca von Wien nach Dingsda, nu um Mierzwinsky zu hören. Gestern hatte er bei einem großer Brande mit gelöscht und sich heldenhaft benommen, heute er: fuhr man, daß er Spiritist, Hypnotiseur und Gedankenleser sei. Und so weiter, und so weiter ohne Ende. Was die Schriftstellerreklame betrifft, so möchte ich das Kunststückchen eines seitdem vielgenannten Dramatikers besonders hervorheben, der vor Jahren, als eben ein Roman von ihm fortsetzungs= weise in einer Zeitschrift erschien, in einem weitverbreiteten Blatte folgende Mitteilung unterzubringen wußte: „Seltsamer Wunsch einer Sterbenden. Der nachstehende Fall, der sich buchstäblich so zugetragen hat, wie wir ihn mitteilen, dürfte wohl einzig in seiner Art sein. Das X=Blatt erhielt dieser Tage von einer Dame einen Brief, der wie folgt lautet: Ich bin schwer krank und weiß, daß ich nicht mehr gesund werden kann. Nun möchte ich gar so gern noch den S.=schen Roman bis zu Ende lesen, fürchte aber, daß ich den Schluß nicht mehr erleben werde und bitte Sie deshalb als ihre bis= herige treue Abonnentin, mir die Korrekturbogen des Romans zu schicken. Sie würden mir dadurch eine große Freude be= reiten. — Der Wunsch der Abonnentin ist erfüllt worden." — Drolliger als dieses plumpe Mittel ist dasjenige, das ein= mal ein französischer Schriftsteller anwendete, um seinem neuen Romane einen gewissen Absatz zu sichern. Er ließ an die reichen Leute in Paris anonyme Briefe abgehen, in denen er ihnen mitteilte, daß in dem betreffenden Roman ehren= rührige Dinge von ihnen behauptet seien und daß sie gut thun würden, die Sache dem Staatsanwalt anzuzeigen, umsomehr als der Autor sie für jeden erkennbar gezeichnet habe. Die Folge dieser Briefe war ein Sturmlaufen auf die Pariser Buchhand= lungen. Scharenweise strömten die Lakaien, die Kammerzofen, die Dienstmädchen herbei, um den neuen Roman zu kaufen.

Doch genug. Man mag sich über die Reklame erbosen oder sie verteidigen, man mag sie als ein harmloses, unentbehrliches Betriebsmittel, als ein Verteidigungsmittel im Kampf ums Dasein oder als einen schnöden Betrug betrachten — ändern können wir die Thatsache leider nicht, daß die Welt unter ihrer Herrschaft steht. Sie ist die Göttin unseres Jahrhunderts und diejenigen, die am wildesten die Faust gegen sie erheben, sind oft ihre eifrigsten Anbeter. Stolz und sicher steht sie da, hochaufgerichtet, mit einem überlegenen Lächeln in den kühlen harten Zügen, eine Flitterkrone in der erhobenen Rechten, das Haupt umstrahlt von einem sonderbar blendenden Lichte, das weit, weit in die Ferne dringt. Wird ihre Herrschaft je gebrochen werden? . . .

Wie man die Mäuse fängt.

Im Café, wo ich meine Zeitungen lese, belausche ich manchmal auch die Gespräche meiner Nachbarn.

Gestern saßen drei junge Leute an dem runden Tischchen. Ein Referendar, der natürlich Theaterstücke schreibt, ein Arzt, der seine Sprechstunden noch im Kaffeehaus hält, und ein Herr, der Alfred angesprochen wurde und wohl auch irgend etwas sein wird.

Aus ihrem Gespräch ging hervor, daß alle drei etwas anderes sein wollten, als sie waren — nämlich reich. Wenigstens so viel wollten sie haben, als man braucht, um das Leben genießen zu können. Eine reiche Frau nehmen — das wäre schon etwas, aber es wäre auch ein „Band," man würde das Leben doch nicht mehr so recht „genießen". Darüber waren sie einig, nur über die anderen Wege, ans Ziel zu gelangen, konnten sie sich nicht verständigen.

„Das ist alles Quatsch," sagte endlich Alfred. „Ehrliche Leute wie wir, die durch ehrliche Arbeit emporkommen wollen, haben nur einen Weg vor sich. Man muß der Welt mit etwas Neuem kommen, dann beugt sie sich uns auch und unsere Taschen werden gefüllt."

„Es giebt nichts Neues unter der Sonne," erwiderte der Referendar und Theaterdichter, und dann sah er melancholisch den blauen Wölkchen seiner Cigarette nach.

Der Arzt zuckte die Achseln und bestellte einen Cognac.

Alfred aber, der in Erregung gekommen war, streckte seinen Arm über das Tischchen hinüber und klopfte mit seiner Hand auf die des Referendars.

„Das ist auch wieder so ein dummes Schlagwort," sagte er, „das alle Welt nachplappert, während täglich das Gegenteil bewiesen wird. ‚Es giebt nichts Altes unter der Sonne' — so müßte es heißen."

Nun lächelten die beiden, aber Alfred ließ sich nicht beirren und fuhr fort:

„Wenn ich Theaterstücke schreiben könnte, wie du, ich hätte der Welt das ersehnte „Neue" längst gegeben. Und wenn ich die Berechtigung, an meinen Mitmenschen herumzudoktorn, besäße, ich wäre längst ein Arzt, den die ganze Stadt überläuft. Was ist denn neu? Der Rock, den ich trage, ist wahrscheinlich aus alten Lumpen fabriziert. Ist er deshalb alt? Sieht ihm jemand seinen Ursprung an? Es ist ein billiger Rock, aber das Tuch ist modern gewebt, die Farbe ist modern, der Schnitt ist modern, ich bin Besitzer eines neuen Rockes. Die Welt fragt auch nichts nach den alten Lappen, aus denen man ihr die neuen Röcke zusammenschneidert, und deshalb giebt es nichts Altes unter der Sonne. Man muß nur das Geschick haben, zu modernisieren, und wenn man das nicht hat, genügt oft auch — eine tüchtige Portion Frechheit. Es ist gar nicht nötig, die Mäuse mit Speck zu fangen — das Ding braucht nur nach Speck zu riechen und die Mäuse gehen auch drauf."

„Was würdest du also an meiner Stelle thun?" fragte der Referendar.

„Sehr einfach das," war die Antwort. „Ich schriebe ein ‚modernes' Theaterstück. Das heißt, ich nähme einen alten Gruselroman oder eine Birch=Pfeifferiade — natürlich nur Sachen, deren Erfolg schon erprobt ist — und färbte sie neu mit Phrasen über sociale Probleme, Emancipation der Frau, Vererbung, Naturwissenschaft, Wahrheit u. s. w. Seht Euch doch unsere erfolgreiche ‚moderne' Litteratur an, ob sie etwas anderes ist! Das wirkliche Genie erkennen die Zeitgenossen nur sehr selten und sie erkennen es vielleicht umsoweniger, je ‚klüger und gescheiter' sie sind. Denn das Genie zeigt sich nicht im ‚Neuen‘, nicht an der Oberfläche, sondern im ‚Alten,‘ in dem ewig Alten, das aus dem Blut hervorströmt, in jenem geheimnisvollen Etwas, das bei Sophokles genau dasselbe ist, wie bei Shakespeare oder Goethe."

„Bleiben wir bei der Sache," unterbrach der Doktor, den diese Wendung des Gespräches wenig zu interessieren schien. „Ich bin Arzt, ich will Patienten haben, wo ist denn das ‚Neue,‘ mit dem ich mir die Welt beugen könnte?"

Alfred machte eine verächtliche Handbewegung, dann lachte er.

„Du lieber Gott," sagte er, „nichts leichter zu finden, als das. Zum Beispiel.."

„Nun — zum Beispiel?"

„Warte mal. Das wäre wirklich eine Idee für dich. Weißt du, was fast alle Kulturmenschen regelmäßig essen? Suppe."

„Das ist wahr."

„Und wenn wir nun behaupten, daß die meisten Krankheiten vom Suppenessen kommen, dann haben wir ein Problem, das die ganze Kulturmenschheit interessiert."

„Aber das ist Unsinn. Suppe ist nicht immer gesund, aber gewiß nie schädlich."

„Die Suppe lassen wir unangefochten. Aber die Art sie zu essen! Alle Welt ißt die Suppe zu heiß. Diese Entdeckung mußt du machen, und du bist ein gemachter Mann. Man soll die Suppe nicht mit Löffeln essen, sondern schlürfen. Durch Strohhalme oder durch Mannesmann-Röhren. Oder... oder... ja, das setzt dem Ganzen erst die Krone auf. Miete dir nur heute noch eine elegante Wohnung, einen eleganten Wagen und einen eleganten Kutscher. Du wirst ein neuer Pfarrer Kneipp ...... vielleicht feiert man dich sogar als neuen Robert Koch. Du bist der große Wohlthäter der Menschheit, der ihrem wichtigsten Organ, dem Magen, neue Widerstandskraft verleiht.... Nach deiner epochemachenden Entdeckung wird man die Suppe nicht mehr mit Löffeln essen, man wird sie schlürfen... durch Maccaroni schlürfen. Ein

Hoch dem Maccaronidoktor, den einige belächeln, aber alle anderen bald gut bezahlen werden!"

Die beiden lachten hell auf und auch ich stimmte in die Heiterkeit ein.

Dann wandte ich mich um, als ich aber sah, daß Herrn Alfreds Gesicht ernst geblieben war, nickte ich ihm zu.

„Sie haben ja nicht ganz unrecht," sagte ich. „Aber wenn Sie auf dem Weg zum Erfolg so gut Bescheid wissen — warum thun Sie nichts für sich selbst?"

„Ich?!" fuhr er auf, und nun lachte auch er. „Ich etwas für mich selbst thun? Ich bin ein Idealist, lieber Herr, und so lange die Welt besteht, ist es noch keinem Idealisten gelungen — Mäuse zu fangen! . . ."

Dann rief er den Kellner, zahlte und wünschte uns einen vergnügten Abend . . .

Keine Zeit.

„Und wie geht es der Frau Eisenbahnbau= und Betriebs=Inspektor G.?" fragte ich neulich eine befreundete Dame, der ich auf dem Heimweg begegnete. „Ach Gott," antwortete sie seufzend, „die Ärmste! Sie ist sehr nervös, sie klagt nur immer, daß sie zu gar nichts mehr käme, daß sie keine Zeit hat. Ich begreif' es freilich nicht . . ." „Haben Sie Zeit, gnädige Frau", unterbrach ich sie mit der harmlosesten Miene der Welt und einem leisen spitzbübischen Lächeln im Innern. „Ich —?" staunte sie. „Aber, lieber Herr Doktor, das ist doch etwas ganz anderes. Ich habe so viele Verpflichtungen, Besuche, Lektüre, Theater, Musik — man muß doch mit der Welt fortschreiten in meiner Stellung! Und dann drei Dienstboten, Herr Doktor, drei Dienstboten — was die einem zu thun geben! Bei dem kleinen Haushalt der Inspektor und den geringen Ansprüchen, die sie macht, begreif' ich es wirklich nicht." — „Die arme Frau", erwiderte ich, „wird eben viel Zeit dazu brauchen, ihr Schlüsselbund wiederzufinden, wenn sie es verlegt hat." Nun lachte die Freundin und dann warf sie mir einen strafenden Blick zu. „Sie sind boshaft, Herr Doktor. Aber vielleicht . . . vielleicht haben Sie den Nagel auf den Kopf getroffen. Es ist merkwürdig . . . selbst mir passiert das so oft. Jetzt finde ich die Schlüssel nicht, dann mein Portemonnaie nicht, dann ist wieder mein Handschuh=knöpfer gerade wie verschwunden . . . aber was soll man thun gegen diese Vergeßlichkeit?" — „Wer sich immer Zeit nimmt für das Wichtige," sagte ich ernst und bedeutungsvoll wie ein Orakel, „dem wird es niemals an Zeit fehlen." Sie sah mich forschend an und schüttelte langsam den Kopf. „Wie soll ich das verstehen?" — „Ganz so allgemein, wie es gemeint ist, als Grundsatz für das Leben. Aber es giebt auch die Antwort auf ihre Frage. Wichtig ist es zum Beispiel auch, den Handschuhknöpfer stets, sowie man ihn gebraucht hat, wieder auf den bestimmten Platz zu legen." — „Aber dazu hat man eben nicht immer Zeit," unterbrach sie mich lebhaft. Ich zuckte die Achseln, worauf sie mir noch versicherte, daß ich heute „sehr, sehr boshaft" sei. Dann verabschiedeten wir uns freundschaftlich wie immer, und ich setzte meinen Weg recht gedankenvoll fort.

Plötzlich kam es wieder wie ein innerliches Lachen über mich. Baron X. fiel mir ein, der Chef eines großen Bankhauses, den ich vor Jahren gekannt habe. Eines Tages trafen wir uns im Eisenbahncoupé und er drückte mir seine Befriedigung über ein halbes Dutzend meiner Arbeiten aus, das er in den letzten Wochen gelesen hatte. „Sie Glücklicher!" sagte er. „Wenn ich so viel Zeit hätte, wie Sie! Wenn ich Zeit hätte!" Er besaß nämlich litterarische Neigungen und soll in seiner Jugend ein paar Gedichte verbrochen haben; ja, er beabsichtigte sogar einmal, wie er verschiedenen Personen erzählte, eine Novelle zu schreiben. Aber der arme Mann hatte auch für sein Geschäft keine Zeit. Kam er mittags ins Kontor, um Briefe zu unterschreiben, so wurde er stets nervös und der Prokurist mußte ihn fast mit Gewalt festhalten. „Lieber M., ich habe heute absolut keine Zeit." war seine tägliche Rede, und dann fuhr er wieder davon. Diners und Soupers, Premieren und Ausstellungs=Eröffnungen, Vereinssitzungen und Wohlthätigkeitsbazare, Hochzeiten, Taufen und Leichenbegängnisse, Matinees und five o' clock's, Jagden, Pferdeversteigerungen und ankommende fürstliche Persönlichkeiten nahmen ihn so sehr in Anspruch, daß er zu der ihm unentbehrlichen Lektüre von Journalen nur Zeit fand, während er in seiner Equipage oder im Eisenbahncoupé saß, und endlich als ganz erschöpfter Mann in einer

Kaltwasseranstalt Heilung suchen mußte. Er war Junggeselle und ich glaube, er ist es nur geblieben, weil er auch zum Heiraten „keine Zeit" fand.

Der Fall ist etwas drastisch — aber, im Grunde genommen, haben nicht die meisten von uns ein wenig von dem Baron an sich? Und auch von jenen Damen, die mit ihrer Zeit nicht auskommen, weil sie jetzt ihre Schlüssel, dann ihr Portemonnaie und dann ihren Handschuhknöpfer nicht finden „Keine Zeit!" Ist es nicht das zweite Wort, das man hört, die stereotyp gewordene Entschuldigung nicht bloß jener, die überhaupt wenig Sinn haben für die Pflichten des Lebens und die veredelnden Genüsse, die es uns bietet, sondern auch für die große Zahl derer, die den guten Trieb in ihrer Brust betäuben, unterdrücken wollen, die sich selbst bethören? Das gilt mehr oder weniger für Reich und Arm, für Hoch und Nieder, für Mann und Weib. Wer von Jugend auf daran gewöhnt wird und sich selbst gewöhnt, unter allen Umständen für das Wichtige Zeit zu haben, dem wird es nie an Zeit fehlen. Vielleicht klingt dieser Orakelspruch manchem zu entschieden, vielleicht findet man, daß ich zu viel behaupte. Aber man stelle doch nur einmal eine kleine Rechnung auf über die Zeit, die wir alle, ohne Ausnahme, täglich vergeuden, und man wird finden, daß wir auch bei angestrengter Thätigkeit noch immer aus einem reich dotierten Reservefond schöpfen können, wenn wir nur wollen. Ich denke jetzt nicht daran, daß in unseren Tagen so wenige Zeit haben, ein gutes Buch zu lesen, die immer Zeit haben, irgendwo „dabei" zu sein, bei Premieren, Gastspielen, Rekrutenbereidigungen, Wettrennen, Vorträgen, Kaiserparaden, Radfahrereinzügen, Feuersbrünsten, Regattas, Blumenkorsos und Hubertusjagden, ich denke auch nicht an die Wirtshäuser, an die Kaffeegesellschaften u. s. w. — ich denke an uns alle und an die Zeit, die fast alle von uns gewohnheitsmäßig mit nichtigen Dingen verlieren. Zum Beispiel bei unserer Toilette, oder mit zwecklosem Klagen und Jammern, oder mit dem Aufsuchen von Balken in den Augen der anderen, oder mit pedantisch eigensinnigem Festhalten an Kleinigkeiten oder mit Gesprächen von der Art des folgenden: „Guten Morgen. — Guten Morgen. — Wie geht's? — Danke, so ziemlich. Und Ihnen? — Na, man drückt sich so durch. — Schlechtes Wetter. — Abscheuliches Wetter. — Hoffentlich wird's bald besser. — Das Barometer ist gestiegen. — Ich glaube, daß es kälter wird. — Lieber kalt und trocken. — Niederträchtiges Pflaster hier. — Bei den Steuern, die wir zahlen! — Was sagen Sie zur Tabakstener? — Was soll man da sagen! — Rauchen Sie noch immer nicht? — Nein, ich rauche noch immer nicht." U. s. w. u. s. w. Aber ich bitte, mich nicht falsch zu verstehen. Ich bin kein Freudenverderber, kein griesgrämiger Splitterrichter. Auch ich probiere manchmal eine Krawatte länger als gerade nötig wäre, und wenn ich einen Gang zu thun habe, dann kümmere ich mich um alle möglichen Dinge, die durchaus nicht dazu gehören, betrachte mir die Häuser, die Schaufenster, die hübschen Damen, ja ich gehe sogar bisweilen recht langsam und höre neugierig zu, was da und dort die Leute sprechen. Ich meine nur, daß wir auf diese und ähnliche Art täglich ein paar Stunden vergeuden und daß wir mutig zu diesem Reservefond greifen sollten, sobald wir, wie so oft, der Meinung sind, daß uns für etwas Wichtiges die Zeit mangelt.

Keine Zeit! Da fällt mir gerade noch der Lustspieldichter Bauernfeld ein, der auch immer „keine Zeit" hatte. Vor vielen Jahren, in unvergeßlich schönen Sommertagen, lernte ich ihn in Ischl kennen und wir wanderten oft zusammen ins Gebirg oder nach der Redtenbachmühle, wo die Damen Kaffee trinken und Kuchen essen. Eines Tages kamen wir von Lausen zurück — im Kahn auf der schönen, alpgrünen Traun — und als wir an der Esplanade ausgestiegen waren, rannten wir gerade auf eine der angesehensten und liebenswürdigsten Baroninnen des modernen Wien zu, die uns sofort für den Abend einlud. Natürlich galt das eigentlich dem berühmten Dichter, der einer der eingeladensten Männer seiner Zeit war

—, der namenlose Student lief nur so nebenher mit. Ab‹ Bauernfeld schüttelte den Kopf und sagte in seiner etwc brummigen Weise: „Thut mir leid, Frau Baronin, ich ha‹ kei' Zeit. Ich komm amal nachmittag auf a Schalerl The wenn's g'rad reg'nt, aber heut hab' ich kei' Zeit." Al Bemühungen der Dame fruchteten nichts — Bauernfeld hat keine Zeit. Als wir dann allein waren, fragte ich den alte Herrn, ob er denn noch arbeiten wolle. Aber nun schüttel er abermals den Kopf. „Das nicht," sagte er. „Aber u halb zehn leg' ich mich nieder. Wenn S' das immer thu dann werden's auch immer a guter Bergsteiger bleiben. Un wenn's amal so alt sind wie ich, dann werden S' g'seh' haben, wie man das Bergkraxeln im Leben nötig hat."

Ja, ja ... man hat es nötig im Leben, das „Bergkraxeln ... und gar mancher bergeudet auch noch seinen Schlaf, we es ihm angeblich an Zeit fehlt. Gar mancher schwächt a1 diese Weise seine Nervenkraft, wird zerstreut, unklar, verges lich, unentschlossen, langsamer im Arbeiten, so daß sich da Übel „keine Zeit" zu haben, natürlich von Jahr zu Jahr imme1 mehr steigert. Wir aber wollen's machen wie der alte Bauerr feld, lieber Leser, und uns beizeiten niederlegen. Gu Nacht! ...

Unbekannte Welten.

Man hat unserem Zeitalter schon die verschiedensten Namen beigelegt und man nennt es bisweilen auch das prosaische. Sehr mit Unrecht, wenn man dabei, wie es gewöhnlich der Fall ist, an die Lebensgestaltungen denkt, in denen durchaus nicht weniger Poesie steckt als in den Irrungen und Wirrungen, die sich in früheren Jahrhunderten zu allerlei bunten Abenteuern verdichteten. Der Poesiegehalt des Menschenlebens ist durchaus kein geringerer geworden und wer nur das Organ dafür hat, der entdeckt ihn in unserem Alltagstreiben ebenso gut wie etwa in der Romantik der Ritterzeit. Dagegen scheint dieses Organ Veränderungen erlitten zu haben und man kann unsere Zeit insofern recht gut eine prosaische nennen, als das Bedürfnis nach allem poetischen offenbar geringe geworden ist, nicht bloß bei der großen Menge, sondern selbst bei denen, die sich Dichter nennen. Während man von den Uranfängen aller Kultur bis in das vergangene Jahrhundert herauf eine lebhafte Sehnsucht empfand, über den engen Kreis des Alltagslebens hinaus in unbekannte Welten zu tauchen, ist dieses Verlangen heute verhältnismäßig nur selten zu finden oder doch schwach entwickelt. So kommt es auch, daß das einzig große, in die Unendlichkeit hinausragende Gebiet der Poesie bei den Dichtern unserer Generationen auf ein ganz winziges zusammengeschrumpft ist. Die Dichter früherer Zeiten suchten die Geheimnisse der Natur zu lösen, sie personifizierten die dunklen Mächte, die das All erfüllen, sie schufen Götter und Engel, Feen und Kobolde, sie flogen zu den Sternen empor und stiegen in das Innere der

5*

Erde, es war, als ob das wunderbare Fluidum in ihre
Nerven mitflutete mit dem ebenso wunderbaren Äther, d…
Urstoff alles Irdischen ist und noch immer und in alle Ewig…
keit den Inhalt des Raumes bildet. Die Dichter von heu…
fragen nichts nach all dem, sie beschränken sich ganz und g…
auf die sogenannte Wirklichkeit. Das heißt, sie schildern, w…
Hans und Grete sich kriegen und wenn sie auf der Höhe d…
„Moderne" sind, dann schildern sie zum Unterschied, wie Han…
und Grete sich scheiden lassen. Dazu dann noch ein bißche…
Börsenkrach, ein Fallissement, die armen Arbeiter, in Deutsch…
land ein Lieutenant oder Reservelieutenant und die Dichtung i…
fertig. Die „unbekannten Welten", die von den Schöpfungs…
märchen angefangen bis herauf zu „Faust" und „Manfred…
den Dichtern so viel zu thun gaben — sie existieren nicht meh…
für sie und sie existieren nicht mehr für die Mehrheit de…
Publikums. Nur in den stillen Laboratorien einiger Forsche…
lebt die Sehnsucht nach ihnen weiter und in verschiedene…
engeren Kreisen, die sich denn auch mit der sie umgebende…
Welt in Widerspruch befinden.

Es ist wahr, die Wissenschaft hat uns viele Rätsel gelös…
und nicht wenige der „unbekannten Welten" sind für un…
gute Bekannte geworden. Aber mit jedem Schritt, den si…
weiter ging, hat sie auch wieder neue Rätsel erblickt, und s…
haben wir, trotz all der ungeheuren Fortschritte, welche wi…
in der Erkenntnis der Natur machten, doch nicht wenige…
unbekannte Welten vor uns als sonst. Gar mancher wir…
nun daran denken, wie es denn eigentlich auf den Sterne…
aussehen mag oder wie in Wirklichkeit das Innere der Erd…
beschaffen ist. Und ein dritter wird sagen: „In der That…
ich möchte einmal sehen, mit eigenen Augen sehen, wie da…
Gras wächst," und ein vierter: „Ich möchte dem elektrischen
Strom folgen, wenn er von Berlin nach Paris hinüberflutet,
so ungefähr, wie ich der Arbeit einer Lokomotive oder eines
Dampfschiffes folgen kann." Aber was sind selbst diese Fragen
gegenüber den „unbekannten Welten," die sich demjenigen er…

Moderne Probleme. 69

)en Naturwissenschaften etwas mehr vertraut
nur an das, was zwischen Schall und Licht
l ist die Empfindung, die in uns hervorge=
t die Schwingungen der Luft unser Trommel=
ıd es ihrer wenige, so ist der Ton tief; in
 sie in derselben Zeit an Zahl zu nehmen,
)her und höher; wenn ihrer aber 40000 in
), dann nehmen wir sie nicht mehr wahr.
)as Licht der Effekt, der hervorgebracht wird,
llen unser Auge treffen. Wenn vierhundert
Rillionen von Schwingungen des Äthers nach
langen, so sehen wir rot, steigt ihre Zahl,
inge und dann der Reihe nach gelb, grün,
. Aber wir besitzen kein Organ, das im=
e Eindrücke von den zwischen 40000 und
mal Millionen in der Sekunde liegenden
vahrzunehmen. Welche Fülle von Empfin=
Phantasie zwischen diesen Grenzen erträumen!
ein Geschöpf, mit Organen ausgestattet, die
tum an Eindrücken empfänglich sind, mit
erkzeugen mehr begabt, als wir Menschen,
llkommeneren! Und könnte es uns nicht mög=
elt voll unbekannter Farben, Töne, oder wie
mag, diese Welt, in der zwischen einer Sym=
)oben und der Farbenpracht eines Bildes von
toch) hundert andere Nerveneindrücke denkbar
d welche Hilfsmittel in der Art des Mikro=
ıd welche mechanische oder auch chemische Pro=
n? Und diese Welt ist eine Welt, die in der
e kein Phantom ist, ja, die — innerhalb mehr
chränkter Grenzen — von anderen lebenden
empfunden wird. Viele Tiere vernehmen
jalb unserer Hörfähigkeit liegen, und andere,
 empfinden die sogenannten „ultravioletten"
 für unser Auge unsichtbar sind. Wieder

andere haben Sinnesorgane, die über die unseren hinausgehen so z. B. die Fische, deren „Schleimkanäle" sie in den Stand setzen, Schwingungen wahrzunehmen, deren Länge zu groß ist, als daß sie noch als Schall empfunden werden könnten und jene Tiefseefische, die lebendige Glühlampen besitzen, Leucht vorrichtungen, die erstrahlen, wenn ein Beutetier in die Näh kommt, und auslöschen, wenn Gefahr droht.

Aber es giebt noch andere „unbekannte Welten", dere Rätsel unserer Phantasie die wonnigsten Ausflüge gestatte Nur eine sei hier noch angeführt, die des Raumes. Di meisten modernen Physiker nehmen den Raum als unendlic an. Die Welt, in der unsere Erde mit den übrigen „Him melskörpern" schwebt, hat keine Grenzen. Nun kann mai aber ebensogut beweisen, daß diese Welt endlich ist, als da sie unendlich ist — wie, das fällt ja außerhalb des Rahmen dieser Zeilen — und einzelne Denker haben sich deshalb wei ter gewagt. Wie man einst von der Anschauung der ebenei Erde zu jener der kugelförmigen überging, so, meinen sie, wir man in naher Zukunft von der Anschauung des unendliche Weltraumes zu jener eines nach Art der Kreislinien und de Kugelfläche begrenzten übergehen. Ja, es giebt welche unter ihnen, die meinen, die Welt habe überhaupt nicht drei Dimen sionen, sondern vier, die vierte sei eben unseren Sinnen un zugänglich. Wie nun in einem Körper von drei Dimensioner (Höhe, Breite und Länge) unzählige zweidimensionale „Flä chen" denkbar sind, so kann man auch in dem vierdimen sionalen Raum unzählige Welten gleich unserer dreidimen sionalen denken.

Der Leser dieser Zeilen hat nun wahrscheinlich gestutzt, al er von der „vierten Dimension" hörte, es ist ihm dunkel ii die Erinnerung gekommen, als hinge diese mit dem „Spiri tismus" zusammen. Die vierte Dimension ist es ja, welch die Spiritisten mit den Geistern bevölkern. Denken wir un es gäbe eine zweidimensionale Welt, Geschöpfe, welche na Art der Schatten keine Dicke hätten, deren Leben sich a

n, so müßten diese uns Dreidimensionale, von
rmaßen „umflutet" wären, wie etwas unge=
„Gespenster" empfinden. Ganz analog diesem
ten sich die Anhänger der vierten Dimension
Geister" zu uns. Diese umfluten uns ebenso,
eidimensionalen umfluten würden. Was den
Zeilen betrifft, so hat er leider noch nicht das
bt, ein Gespenst kennen zu lernen, er findet
gen echt menschlich, daß man jede „unbekannte
t mehr oder weniger menschlicher Einquartie=
Andererseits ist es zweifellos, daß „zwischen
:de" mehr ist, „als die Schulweisheit sich träu=
sind die „unbekannten Welten", die sich der
ukunft erschließen werden, vielleicht auch nicht.
Sehnsucht nach dem Unbekannten, die Poesie
n Welten" nicht allen abhanden gekommen ist,
rdings wieder so kraß in die Erscheinung tre=
us und Spiritismus. In der Tiefe des Men=
etwas, das immer aufwärts blicken wird nach
nem, in den Duft des unbekannten Gehüllten,
ile, nach der blauen Blume, nach dem Him=
Erkenntnis. Ein paar Jahrzehnte lang hat
i den meisten geschlummert aber es scheint
sein und eines Tages inspiriert es vielleicht
Poeten . . .

„Freiheit und Gleichheit" — „Gerechtigkeit und Liebe."

Ein Hauptübelstand unserer gesellschaftlichen Einrichtungen — (auch ein Haupthemmschuh für die Entwickelung der Litteratur) — ist darin zu suchen, daß Bildungserwerb in der Regel ein „Monopol" des Geldes ist, statt ein solches der geistig Befähigten zu sein. Die Ausnahmen, die man dem entgegenhalten könnte, kommen nicht in Betracht, weil die immerhin stattliche Schar einzelner, die sich trotz ihrer Armut vermöge günstiger Zufälle oder außergewöhnlicher Energie den Weg nach aufwärts gebahnt haben, gegenüber der Masse verschwindet, und jener dürftige Unterricht, den der Staat gleichmäßig für alle dekretiert, mit dem Begriff „Bildung" nicht viel zu thun hat. Als Folge dieses Übelstandes aber ist eine ganze Reihe trauriger Erscheinungen zu verzeichnen. Daß die Besitzenden ihrem Nachwuchs die Bildung gewaltsam aufpfropfen, das führt zu dem genugsam bekannten Bildungsphilisterium, zur Bildungsheuchelei, zu der maßlosen Überhebung von Schwachköpfen, die glauben, überall mitsprechen zu dürfen, weil sie ein paar griechische und lateinische Brocken mühselig erlernt haben, zu der Durchdringung des Beamtenstandes mit unfähigen und deshalb in doppelter Beziehung gefährlichen Elementen und endlich in letzter Linie einerseits zu abscheulichem Protektions=Unwesen und andererseits — wenn das Geld verpufft ist — zur Entstehung des Bildungs=Proletariats. Daß aber die Geistig=Befähigten unter den Besitzlosen nicht zur Bildung herangezogen werden, damit schädigt sich der Staat geistig wie materiell, indem er sich so viele wirkliche Kräfte entgehen läßt, und weiters ist hier der Urquell jener Unzufriedenheit und Verbitterung zu suchen, die unseren modernen Staatsmännern so viel zu schaffen macht. Die große Masse hat eine unglaublich dicke Haut und der Magen muß lange knurren, ehe sie nur die Faust ballt gegen die Bevorzugten. Die sociale Frage, wie man die Magenfrage der unteren Schichten gewöhnlich nennt, würde noch lange schlummern, hätte sie nicht ihre Wecker an jenen befähigten Köpfen, die erbittert sind über eine Gesellschaft, welche ihnen die Wege nach aufwärts verschloß. Die Triebfedern der revolutionären Bewegung sind diese Unzufriedenen, die zugleich Sonntagskinder der Natur und Stiefkinder der Gesellschaft sind, und neben ihnen eine andere Gattung Unzufriedener, das oben erwähnte Bildungsproletariat; es sind, wenn ich so sagen darf, die Emporkömmlingsnaturen, die man nicht aus dem Ei kriechen ließ, und die Herabkömmlinge, die man künstlich ausbrütete. Alle Nahrung und alle Arznei, die man den Magenkranken einflößt, werden deshalb die sociale Revolution nicht aus der Welt schaffen, wenn man nicht ihre Triebfedern beseitigt. Freiheit und Gleichheit — die einen sagen, wir haben sie, die anderen schreien beständig nach ihnen. Was wir aber brauchen ist Gerechtigkeit, nichts als Gerechtigkeit und wiederum Gerechtigkeit! Die Gesellschaft mache aus jedem das, was er kraft seiner Anlagen werden soll, sie löse den Wechsel ein, den ihm die Natur mit auf den Weg gab. Der Wenigbefähigte wird glücklicher werden, wenn man nicht überspannte Anforderungen an ihn stellt, und das Talent wird es sein, wenn man ihm Gelegenheit giebt, sich zu entwickeln. Sklavennaturen können in einem patriarchalischen Verhältnisse (selbst mit Zugabe von Prügeln) glückliche und nützliche Menschen werden, während sie, gänzlich selbständig, dem Elend verfallen oder sich zu Lumpen heranbilden, und derjenige, der eine starke Individualität hat, bedarf wieder voller Freiheit, soll er sich das Glück erringen und der Gesellschaft zum Segen werden. Wer aber von der Natur einen Verbrecherbrief mit bekam — und es giebt trotz Rousseau leider solche Gesellen — den hätschle man nicht nach modernen Humanitätsprinzipien. Man bemühe sich weniger um die Zuchthäusler und dafür mehr um die Armen, man bestrafe Verbrechen, die Gemütswallungen entspringen (z. B. Diebstahl aus Verzweiflung, Kindesmord) milder und gemeine Verbrechen (z. B. auch Ehrabschneiden) schärfer, und ein Scheusal überliefere man trotz seiner zwei Beine und seiner „Seele" ohne sentimentale Bedenken dem Galgen. „Freiheit und Gleichheit" sind Sturmrufe, die der Vergangenheit gedient haben, dieser aber auch angehören. Die Natur erschafft die Menschen nicht gleich und deshalb können sie nicht gleich sein; und aus demselben Grunde kann auch das Maß von Freiheit nicht für alle das gleiche sein. Der Sturmruf der Zukunft muß das Wort „Gerechtigkeit!" werden, und dazu muß sich die Liebe gesellen als der Kitt des von der Gerechtigkeit emporgeführten Baues.

Um ja nicht mißverstanden zu werden, bemerke ich übrigens ausdrücklich, daß es mir nicht einfällt, die Existenz der Magenfrage zu leugnen, oder die Errungenschaften der Freiheits- und Gleichheitskämpfe zu verunglimpfen. Aber die Begriffe „Gerechtigkeit und Liebe" haben ja viel weiter reichende Grenzen als „Freiheit und Gleichheit," sie umfassen diese, indem sie sie gleichzeitig auf das richtige Maß erweitern oder beschränken, und sie umfassen auch die Magenfrage. Und dann bin ich auch keiner jener Schwärmer, die an die Verwirklichung idealistischer Träume unter den Menschen, deren beste selbst nicht frei von Mängeln sind, zu denken vermögen. Aber wenn man auch das Vollkommene nicht erreichen kann, so kann man sich demselben doch nähern, und wenn man nach Prinzipien keinen Musterstaat baut, so kann ein Musterstaat doch die Tendenz dieser Prinzipien so weit verfolgen, als es praktisch möglich ist. Endlich kehre ich wieder zum Ausgangspunkt meiner Betrachtung zurück und sage noch ein Wort über Litteratur, Wissenschaft und Kunst. Insbesondere die Litteratur, die bei der Entwickelung, welche die Dinge genommen haben, nicht mehr von einzelnen Mäcenen abhängen kann, sondern auf ein Massenpublikum angewiesen ist, wird erst dann wieder eine Blütezeit zu verzeichnen haben, wenn dieses Massenpublikum aus den besten Köpfen der Nation besteht. Unter den gegenwärtigen Verhältnissen aber stehen ihr nur wenige Prozente dieser besten Köpfe zur Verfügung. Von den übrigen ist weitaus die Mehrzahl gar nicht zur Entwickelung gelangt, das Reich der Bildung blieb ihnen verschlossen, weil ihre Eltern arme Teufel waren, und der Rest hat keine Zeit, Bücher zu lesen, oder wenigstens kein Geld, solche zu kaufen. —

Der Luxus einst und jetzt.

Niemand führt die „gute alte Zeit" häufiger im Munde, als der Sittenprediger, der über den Luxus wettert, und dem Luxus unserer Damen und den Annehmlichkeiten, welche sich unsere Männerwelt gestattet, wird immer und immer wieder die einfache Lebensweise unserer Vorfahren entgegengehalten. Alles Übel und alle Verderbnis soll von der Freude an sinnlichen Genüssen kommen, von der Verschwendungslust, der Sucht zu prassen, dem krankhaften Triebe, mehr auszugeben, als man einnehmen kann, und die „Rettung der Gesellschaft" wird von der Rückkehr zu den einfachen, bescheidenen Lebensverhältnissen der Vergangenheit erwartet. Aber solche finsterblickende Kritiker finden auch ihre Gegner und diese sehen in all dem nur ungerechte Anklagen und meinen im Gegenteil, daß sich der Luxus, der in unseren Tagen getrieben wird, auch nicht im entferntesten vergleichen läßt mit den tollen Dingen, die zum Beispiel aus der Römerzeit berichtet werden. Wir essen weder Nachtigallen- und Pfauenzungen, noch Fasanen- und Papageiengehirn wie die Freunde des Lucullus, und wir ersticken unsere Gäste nicht unter einem Regen von Hyacinthen und Veilchen, wir lagern uns nicht auf Kissen, die mit Rosenblättern gefüllt sind, wie Kaiser Heliogabalus und seine Unterthanen. Wir sind in demselben Maße sparsamer, mäßiger und einfacher geworden als wir vernünftiger wurden und im Hinblick auf diese Vergangenheit könne man von „Luxus" eigentlich gar nicht mehr sprechen. Wer hat nun recht von den beiden, wer kommt der Wahrheit am nächsten? Ist es besser oder schlimmer geworden, sollen wir unsere Häupter mit Asche bestreuen oder uns freuen über die Fortschritte, die wir gemacht haben? Ein Vergleich zwischen dem Luxus von einst und jetzt wird diese Frage beantworten und zugleich einen interessanten Blick auf die tiefe Kluft gewähren, welche die moderne Kulturmenschheit von ihren Vorfahren scheidet.

Aber nicht auf die Römer oder andere Völkerschaften der vorchristlichen Zeit wollen wir zurückgehen, obwohl gerade da von einem Luxus zu erzählen wäre, den wir von unserem Standpunkte aus nur wahnsinnig nennen können. Auch den alten Germanen wollen wir nicht auf die Finger sehen, wenn auch die Frauen und Jungfräulein schon damals einen Sittenprediger entrüsten mußten, sintemal sie ihre leinenen Unterkleider mit purpurfarbenen Bändern zierten, die man nur von den Phöniziern beziehen konnte und die gewiß nicht billiger waren als die Modeartikel, die sich unsere Damen aus Paris verschreiben. Diese Völker stehen uns in ihrem ganzen Denken und Empfinden vollständig ferne und sie lebten unter wesentlich verschiedenen klimatischen Verhältnissen, so daß ein Vergleich mit ihnen weder viel zu unseren Gunsten noch viel zu unseren Ungunsten sprechen kann. Was hier in Betracht kommt, ist nur die christlich-germanische Zeit und da sollte man meinen, daß mindestens aus jenen Tagen, da der Geist des Christentums gemeinsam mit der noch ungebrochenen kriegerischen Lust sich üppigem Wohlleben entgegenstellte, nicht viel von Luxus zu berichten sei. Indes gab es schon im achten Jahrhundert bei den Franken Cirkus und öffentliche Schauspiele, Karl der Große fand es bereits 808 für nötig, eine Verordnung gegen die übermäßige Pracht in der Kleidung zu erlassen, und wie man sich aufs Essen verstand, beweist ein noch vorhandenes Verzeichnis aus dem achten Jahrhundert, nach welchem zur Bewirtung eines königlichen Gesandten, der sich auf der Reise befand, nicht mehr als die folgenden Dinge herbeigeschafft werden mußten: Feines Brot, Wein, Bier, Speck, Schweinefleisch, Spanferkel, Schöpse,

Lämmer, Gänse, Fasanen, Hühner, Eier, Öl, Gari (Fischbrühe), Honig, Essig, Kümmel, Pfeffer, Costi (eine Wurzel deren Saft damals den Zucker vertrat), Nelken, Zimt, Lavendel, Mastix, Datteln, Pistazien, Mandeln, Wachs, Salz Gemüse u. s. w. Alles in genau vorgeschriebener, sehr beträchtlicher Quantität.

Am Ende des zehnten Jahrhunderts klagt Ditmar, Bischo in Merseburg, über den Luxus, der allenthalben eingerissen sei, und bemängelt besonders die Kleiderpracht der Frauen. Als der Graf Richard von Cornwallis sich im Jahre 1243 mit der Tochter des Grafen von Provence vermählte, wurden zur Hochzeitsfeier nicht weniger als 30000 Schüsseln zubereitet, und bei dem Vermählungsfeste des Herzogs Lionel von Clarence mit Yolanthe von Mailand (1386) gab es achtzehn Gänge, jeder von fünfzig verschiedenen Speisen, unter denen besonders vergoldete Spanferkel mit feuerspeiendem Maule hervorgehoben zu werden verdienen. Am 1. Dezember 1391 fand auf einer Insel des Niemen ein vom Heermeister des Deutschen Ordens veranstaltetes Mahl statt, bei welchem dreißig Gerichte aufgetragen wurden. Nach jedem Gerichte erhielten sämtliche Gäste neue silberne Teller und Löffel, bei jedem Trunke, den sie thaten, neue goldene Becher, und alles, was sie einmal berührt hatten, blieb ihr Eigentum. Einen originellen Einfall hatte Raimund de Vencur, der (1472) zum Schluß einer Festlichkeit dreißig der schönsten Pferde lebendig verbrennen ließ, und sein Landsmann Bertrand Raimbaud, machte sich den Spaß, ein großes Feld pflügen und 30000 Sous in die Erde säen zu lassen. Als Wilhelm von Rosenberg, ein böhmischer Kavalier, sich im Jahre 1578 mit der Markgräfin Anna Maria von Baden vermählte, währten die Hochzeitsfeierlichkeiten vom 26. Januar bis zum 1. März. 400 Gäste waren geladen und diese verzehrten innerhalb 32 Tagen: 20 Rehe, 40 Rothirsche, 50 Damhirsche, 2130 Hasen, 30 Auerhähne, 250 Fasanen, 2050 Rebhühner, 150 gemästete Ochsen, 450 Hammel, 516 Kälber, 654 Schweine,

Moderne Probleme. 79

… Hühner und Kapaunen, 5313 Gänse, 4 Hausen, 350
… fische, 675 Neunaugen, 780 Heringe, 6380 Forellen,
… 9 Hechte, 18120 Karpfen, 7096 geräucherte Fische,
… Seezungen, 19200 Krebse und 30947 Eier. An böh=
… en, ungarischen und deutschen Weinen wurden 1100 Eimer
… t. Von spanischen Weinen, die zu jener Zeit nur als
… zin gebraucht wurden, gingen 40 Tonnen auf und außer=
… rank man 903 Fässer böhmischen Bieres.
… och weit luxuriöser waren natürlich die Feste, welche ge=
… Häupter gaben. Bei diesen zählten die Gäste in der
… nach Tausenden und was da verzehrt wurde ist gerade=
… glaublich. Als Herzog Georg von Bayern=Landshut
… die polnische Prinzessin Hedwig heiratete wurden während
… ermählungstage, um nur das Hauptsächlichste zu nennen
… Ochsen, 62000 Hühner, 5000 Gänse, 162 Hirsche, 75
… Schweine und 440 Fässer Wein vertilgt. Besonders
… sant muß aber das Beilager gewesen sein, welches 1468
… von Burgund mit Margaretha von England zu Brügge
… Auf den großen Tafeln befanden sich 30 kostbare,
… jüngtem Maße angefertigte Schiffe, gefüllt mit allen
… hen Braten, und jedes derselben war von vier Booten
… et, welche Gemüse an Bord hatten. Als die Gäste sich
… asel gesetzt hatten, trabte ein stattliches Roß, als Ein=
… maskiert, an den Tisch, geleitet von einem als Bären
… deten Knaben. Diesem folgte ein Löwe, aus dessen
… heraus vier Sänger hochzeitliche Hymnen sangen. Zum
… ß des sonderbaren Mahles aber kam ein Walfisch in
… Saal, den vierzehn im Innern verborgene Männer in
… zung setzten, und als er der Braut nahe war, schlüpf=
… s seinem Rachen zwölf Tänzer, die nun eine Art Ballett
… zrten und sich gegenseitig bald in den Fisch hinein und
… vieder heraus jagten. Bei diesem Feste wurden an einem
… 16 Ochsen, 250 Schöpse, 250 Lämmer, 10 Schweine,
… Hasen, 200 Fasanen, 500 Kapaunen, 1000 junge Hühner,
… Rebhühner und noch vieles andere verzehrt. Von der

Hochzeit Johanns des Beständigen von Sachsen mit Sophie von Mecklenburg berichtet der Chronist: „Verzeichnete Pferde, so mein gnedigster Herr gefüttert haben, ist gewesen siebenhalbtausend, der verzeichneten Personen, so zu dieser Hochzeit gespeist sind worden, ist gewesen bei eilfthalbtausend!" Bei einem Turnier, welches zur Feier desselben Festes stattfand, war auch eine groteske Scene eingeschoben, indem die Herren Heinrich von Zeschwitz und Rudolf von Frank ihre Pferde maskiert hatten — das eine als Löwe, das andere als Wildschwein. Übrigens wurde die Zahl der Gäste bei dieser Schmauserei noch häufig übertroffen, z. B. bei dem Hochzeitsfeste Kaiser Friedrich II. mit Isabella von England (1235), dem allein 12000 Ritter als Hochzeitsgäste beiwohnten.

Diese Neigung zu maßlosem Luxus blieb übrigens durchaus nicht auf die Fürsten und den Adel beschränkt. Die Polizeiordnungen aus der Mitte des sechzehnten Jahrhunderts klagen darüber, daß der Luxus immer mehr auch alle Schichten der bürgerlichen Gesellschaft durchdringe. So heißt es da unter anderem: „Die Köstlichkeit der Kleidung wird durchaus so unmäßiglich gebraucht, daß unter den Fürsten und Grafen, Grafen und Edelmann, Edelmann und Bürgern, Bürgern und Bauersmann kein Unterschied erkannt werden möge. Durch gülden Tücher, Sammet, Damast, Atlas, fremde Tücher, köstliche Barette, Perlen und Unzgold, dero man sich zur Köstlichkeit der Kleidung gebraucht, wird ein überschwänklich Geld aus Deutschland geführet." — Bei der Hochzeit der Tochter des Bäckers Veit Gundlinger mit dem Zinkenbläser Blauch in Augsburg (1493) dauerte das Gelage acht Tage lang und dabei wurde an sechzig Tischen gespeist. Unter den Gästen befanden sich 213 Verwandte der Braut, 157 des Bräutigams, 170 Bäckerknechte und einige „Ratsherrlein und fürnehme Herren und Frauen." Verzehrt wurden: 20 Ochsen, 30 Hirsche, 96 Schweine, 49 Zicklein, 46 Kälber, 1006 Gänse, 15 Auerhähne, 500 Hühner, 15000 Fische, 10000 Eier, 20 Centner Butter und noch manches andere. Auch über das

weiß der Chronist viel Erbauliches zu be=
Kleid bestand aus unzähligen zusammenge=
eißen und blauen Seidenstoffs. Alle Nähte
nen Spangen besetzt, um den Saum „des
ine breite Goldspange, und die Armbänder
Gestein gar reichlich besetzt. Die Strümpfe
üldnen Fädlein" gebunden und die Schuhe
erisch mit Silber geschmückt. — Was die
irgersfrau in der „guten alten Zeit" kostete,
aus dem „Hausbuche" des Gerbermeisters
in Liegnitz erfahren. In diesem Buche
m 12. Mai 1619 die Kosten einer Toilette
e die Frau Meisterin bei einem festlichen
g, und zwar wie folgt: „19 Ellen Damaschken
hlr. 18 Gr. Silberne Posamente zum Be=
Gr. Ein güldener Latz 4 Thlr. Handschuhe
rumpfwerk mit silbernen Zwickeln 3 Thlr.
Ein paar niederländische Schuhe mit sil=
5 Thlr. Eine neue Haubenkappe mit
13 Thlr. Ein Fächer 1 Thlr. 18 Gr.
ich und Spitzenzeug 7 Thlr. 14 Gr. —
Kleides samt Auslagen 6 Thlr. 3 Gr. 4
Blümlein auf den Latz zu heften 1 Thlr.
e nebst den Armringen auffrischen zu las=
80 Thaler hat also das Kostüm der Frau
stet, und nun bedenke man den gewal=
zwischen dem damaligen und dem heutigen

, der in den unteren Klassen getrieben wurde,
auch die Behörden immer wieder zum Ein=
b sich der Adel häufig selbst zu schützen suchte,
t nachahmenswertes Beispiel!) in größeren
schloß, in welchen für den zu machenden
ondere für die Kleidung bestimmte Grenzen
. Im übrigen fehlte es weder an Reichs=

gesetzen noch an städtischen Verordnungen gegen den Luxus, ohne daß dieselben je viel genützt haben. So bestimmte z. B. die kursächsische Polizei- und Kleiderordnung vom Jahre 1612, daß bei einer großen Hochzeit nicht über 24 Tische sein sollten, auf jeden Tisch zehn Personen gerechnet. Zu einer kleinen Hochzeit werden 14 Tische gerechnet. Das Essen soll nicht über drei Stunden dauern. Ferner wird den „Weibern" der Doktoren und Professoren, sowie der unteren Stände verboten, ganz samtene Kleider zu tragen. „Auch sollen sie sich aller ausländischen, fremden Trachten, es sei spanisch, französisch, englisch, wälsch oder wie sie sein mögen, insonderheit der großen Eisen und Wülste unter den Röcken (ei, ei!), item der Rabatten und lang entblößten Hälse gänzlich enthalten. Zu ihrem Hauptschmuck mögen sie eine goldene oder seidene Haube mit Perlen beheftet, jedoch ohne Goldrosen, tragen. Gänzlich werden ihnen verboten: Perlenketten, Kleinodien, Gehenke von geschlagenen Goldrosen, Schleier mit Goldrosen, Unterläge unter die Schleier mit Gold, Perlen, Goldrosen; ferner samtene Schuhe, Pantoffel oder Stiefel mit Perlen, Gold oder Silber gestickt, seidene Strümpfe, Hauptdecken oder Schnupftücher mit Perlen oder anderem Geschmeide gestickt, Futter und Aufschläge von Zobel und Hermelin oder andere Futter, was köstlicher ist als Marder." Genutzt haben diese Verordnungen, wie gesagt, niemals sehr viel.

Trotzdem scheint es, als ob der Luxus mäßiger würde, je mehr man sich unseren Tagen nähert. Der unsinnige Aufwand in den Gewändern scheint zu schwinden und Röcke und Wämser aus Gold- und Silberstoff, mit Perlen und Edelsteinen besetzt giebt es bald nicht mehr. Auch den gewiegtesten Gourmands fällt es nicht mehr ein, ihre Speisen mit Gold würzen zu lassen, wie es im Venedig der Renaissance geschah, und keine Dame braucht wie eine Venetianerin des 17. Jahrhunderts 7 Stunden, sage sieben Stunden, zu ihrer Toilette. Feste von der Großartigkeit der geschilderten wer-

Moderne Probleme.

den immer seltener und selbst die tollsten Versuche neuerer Zeiten erscheinen neben den Gelagen früherer Jahrhunderte klein und unbedeutend. Die letzte dieser Riesenfestlichkeiten war wohl das Lustlager, das August, König von Polen und Kurfürst von Sachsen, im Juni 1730 bei Zeithain hielt. Dabei wurde für die ganze Armee von 30 000 Mann offene Tafel gegeben. Die Soldaten saßen in zwei ungeheuren Reihen an für diesen Zweck neugefertigten Tischen, die gebratenen Ochsenviertel vor sich an Pfählen befestigt. Das Dessert dieser Mahlzeit bildete ein kolossaler Kuchen, der unter Leitung des Oberlandbaumeisters von einem Zimmermann mit einem drei Ellen langen Messer zerschnitten wurde. Für die Mahlzeit hatte jeder Soldat einen neuen hölzernen Teller mit eingebrannten auf die Lagerzeit bezüglichen Verzierungen erhalten und diese Teller mußten nach aufgehobener Tafel auf Kommando in die Elbe geworfen werden, was einen eigentümlichen Anblick gewährt haben mag. Die Teller vertraten so die Stelle unserer heutigen Zeitungsberichte und brachten die Kunde von dem seltsamen Feste in alle Elbestädte. — Von da an werden, wie bemerkt, die Berichte über großartige Festlichkeiten immer seltener und der dabei gemachte Aufwand läßt sich nicht im entferntesten mit dem Luxus früherer Zeiten vergleichen. Einem originellen Einfall verdankte übrigens das am 25. Oktober 1694 von Sir Edward Russell, dem Kommandanten der englischen Mittelmeerflotte gegebene Punschfest seine Ausführung. Die Bowle dieses Punschfestes war ein großes Marmorbecken, das im Kreuzungspunkte von vier Orangenalleen angebracht war. In jeder dieser Alleen war eine Tafel aufgestellt und in dem Becken, auf der Oberfläche des Punsches, schwamm ein kleiner aus Mahagoniholz gefertigter Kahn, von dem aus ein als Ganymed gekleideter Schiffsjunge das feurige Getränk verabreichte. Die Bowle selbst enthielt drei Stückfässer Branntwein, 8 Fässer Wasser, 25 000 Limonen, 13 Centner Zucker, 5 Pfund Muskaten und eine Pinte Malaga. Ein ähnliches Fest gab 1769 Admiral Bas-

6*

kowen in Amerika den Offizieren seiner Flotte. Dieser großartige Punsch kostete 12684 Dollars und enthielt 600 Flaschen Rum, 600 Flaschen Cognac, 1200 Flaschen Malaga und 4 Tonnen Wasser, wozu noch 200 Stück geriebene Muskatnüsse 20 Pfund Vanille, 600 Pfund Zucker und 2600 Citronen kamen.

So ist also der Luxus durchaus kein „Kulturprodukt" unserer Tage und es hat den Anschein, als würde jener Lobredner der Gegenwart Recht behalten, der behauptet, die Welt sei in demselben Maße sparsamer, einfacher und mäßiger geworden als sie vernünftiger wurde. Sehen wir aber genauer zu, so kommen wir doch zu einem etwas anderen Resultate, wenn wir deshalb auch nicht in Stirnrunzeln und in Zorn geraten werden, wie der Sittenprediger, der unserem Sodom und Gomorrha die gute alte Zeit entgegenhält.

Es ist wahr — Feste wie die geschilderten giebt es heutzutage nicht mehr und man kann sich eines Lächelns nicht erwehren, wenn man einen der angeführten „Speiszettel" etwa mit dem folgenden vergleicht, der nichts anderes ist, als die Liste der bei den Hofbällen eines unserer größten Höfe zur Aufstellung gelangenden Speisen. „3 Schüsseln Lachs und ebensoviel Forellen," heißt es da, „3 Rindslenden, 3 Schmaltierrücken, 3 Kalbsrücken, 3 Truthühner 3 Schinken, 3 Schüsseln Fasanen, 3 Schüsseln Poularden, 6 Schüsseln Kalbskotelettes, 6 Schüsseln junge Hühner u. s. w. u. s. w., alles kleine niedliche Zahlen, obwohl es sich nur um Schinken und Truthühner und nicht um gebratene Ochsen handelt. Mit einer einigermaßen imponierenden Ziffer ist nur der Kartoffelsalat vertreten, der uns aber kaum in den Verdacht der Völlerei bringen wird. Auch die Tafeleien unserer reichen Leute sind verhältnismäßig dürftig, wenn man sie mit den Gelagen der Adeligen in früherer Zeit vergleicht; Hochzeiten wie jene der Bäckerstochter Gundlinger, bei denen, abgesehen von allem anderen, 20 Ochsen vertilgt werden, wird man heute nicht einmal in den vornehmsten Kreisen, und umsoweniger beim

Bürgertum finden, und unsere Tracht hat sich vollends ganz bedeutend vereinfacht, insbesondere die männliche. Das alles muß man ohne Einschränkung zugeben — aber der Dämon Luxus hat deshalb unsere Welt nicht verlassen, er hat sich nur anders maskiert. Wenn sich die Fellgerberin Gierth in Liegnitz ein kostbares Kleid wie das geschilderte machen ließ, dann war das ein Schatz, der nur bei besonderen Gelegenheiten benutzt wurde, den die Besitzerin ihr ganzes Leben lang ehrte und der oft noch auf die Nachkommen vererbt wurde. Ebenso war es mit den Prachtgewändern der Männer, über deren Kostbarkeit wir staunend den Kopf schütteln. Das alles war dauerhaft, fast unverwüstlich gemacht und unterlag nur wenig der Mode, so daß es häufig von den Eltern auf die Kinder vererbt wurde. Sogar die Staatskleider der kaiserlichen Beamten gingen nicht selten an die Nachfolger in ihrem Amte über und man konnte also diese Gewänder in allen Fällen als Stücke von bleibendem Wert betrachten. Wie anders ist das heute! Die Lebensdauer eines Kleides geht in der Regel über eine „Saison" nicht hinaus, jedes Jahr bringt neue Moden und selbst ein armes Nähmädchen würde sich schämen, wenn sie mit einem Hut herumgehen müßte, wie man ihn vor fünf Jahren trug. Nicht viel besser geht es uns Männern. Heute trägt man lächerlich enge Beinkleider, ein Jahr später ebenso lächerlich weite: heute darf der Überrock nur bis an die Hüften reichen und vor zwölf Monaten mußte er so lang sein, daß man kaum die Füße sah. Das winzigste unbedeutendste Ding, das wir zu unserer Toilette bedürfen, unterliegt einem beständigen Wechsel in der Ausfertigung, so daß ein Mensch, der immer „tadellos" gekleidet sein will, der sich weder „veraltet" tragen, noch alle Eintagsgrille der Mode mitmachen will, bald eines eigenen Studiums bedürfen wird. Und ähnlich wie mit unseren Kleidern verhält es sich mit allen Dingen. Die Bezeichnung „kostbar" verdienen die Gerätschaften, welche wir verwenden,

sicher nicht mehr, niemand fällt es ein, viel Geld daf[ür]
auszugeben, aber jeden Augenblick ist etwas davon „veraltet["],
„unmodern" — wenn es nicht noch früher zerbrochen, ze[r]
rissen oder verbleicht ist. Ja sogar unser ganzes Heim unte[r]
liegt mehr oder weniger diesem launenhaften Hin= und He[r]
springen der Mode. Während die Möbel alter Schlösser u[nd]
Bürgerhäuser durch Jahrhunderte hindurch geehrt und g[e]
braucht wurden, neigen wir uns bald der Renaissance u[nd]
bald der Gothik zu, liebäugeln bald mit den Türken u[nd]
bald mit den Japanesen, zum mindesten aber haben w[ir]
jedes Jahr neue Stuhllehnen und Betthäupter, neue Mod[e]
hölzer und Modestoffe. Und wenn wir uns dann den Gel[a]
gen und Festen vergangener Jahrhunderte zuwenden, so feh[lt]
es uns auch dafür nicht an einem Ersatz in der Gegenwa[rt]
— Dämon Luxus hat sich nur anders maskiert. Wenn d[as]
Leben damals von Zeit zu Zeit durch solche Schmausereie[n]
und Zechereien unsinnigster Art unterbrochen wurde, so w[ar]
es dafür, im Durchschnitt genommen, einfacher. Wir schl[a]
gen nicht mehr derart über alle Stränge, aber wir hab[en]
dafür zahlreiche Dinge, die damals noch gar nicht bekan[nt]
waren oder als seltene Genüsse galten, gewissermaßen „p[o]
pularisiert". Jede Arbeiterfrau trinkt jetzt täglich ihren Kaffe[e]
und Thee und Schokolade gehören auch nicht mehr zu de[n]
Reservatrechten der Reichen. Das drastischeste Beispiel li[e]
fert uns aber der Tabak, der sich bekanntlich erst im sieb[en]
zehnten Jahrhundert bei uns einbürgerte und dem heu[te]
so allgemein und stark gehuldigt wird, daß die ungeheure[n]
Summen, die gegenwärtig alljährlich in Rauch verwande[lt]
werden, unseren Nachkommen in künftigen Jahrhunderte[n]
(oder Jahrtausenden?) ebenso verwunderlich erscheinen wer[
den, wie uns die Hunderte von Ochsen, die unsere Vor[
fahren zur Feier einer einzigen Hochzeit verzehrten. Au[ch]
die öffentlichen Vergnügungen sind in ähnlicher Weise p[o]
pularisiert und zugleich vermehrt worden. Während frühe[r]
der Wirtshausbesuch eine Sache des Sonntags war, i[st]

er jetzt etwas sehr alltägliches und zu den Wein- und Bierhäusern haben sich die Kaffeehäuser gesellt. Selbst kleine Städte haben jetzt schon ständige Theater, und zu diesen kommen die zahlreichen Concerte feinerer und gröberer Art, die wandernden Cirkusgesellschaften, Bälle und Maskeraden, die Vereine mit ihren geselligen Veranstaltungen und anderes mehr. Wir lieben nicht mehr das Massige, Grandiose bei unseren Vergnügungen (auch das Schwinden der Volksfeste zeugt dafür), wir unterhalten uns lieber in kleineren Kreisen, in bescheidenerem Maße und dafür so oft als irgend möglich. Es giebt in der That sehr viele Herren und Damen, die nicht imstande sind, auch nur einen einzigen Abend in der Woche zu Hause zuzubringen, und nur ein sehr kleiner Teil unserer Männerwelt gehört nicht zu den regelmäßigen Besuchern der Klubs, Cafés und Wirtshäuser.

Wir leben also kaum mehr, aber auch kaum weniger luxuriös als unsere Vorfahren und das ist schließlich auch leicht zu erklären. Der Luxusgeist ist eben wirklich ein Dämon, ein dem Menschen innewohnender Trieb, der durch äußeren Zwang zwar etwas eingeschränkt aber nicht bekämpft werden kann. Beherrschen werden ihn immer nur Einzelne — die starken Charaktere — während die Masse sich stets mehr oder weniger von ihm fortreißen lassen wird, wovon uns ja schon die Bibel erzählt. Der Dämon wird leben, so lange Menschen leben, nur die Maske ändert sich mit den Zeiten und schmiegt sich stets den durch Natur und Kultur erzeugten Lebensverhältnissen an. Unsere Zeit hat ihr Gepräge durch die Fortschritte der Naturwissenschaften und der Industrie erhalten und der Luxusgeist ist dieser Wendung sofort gefolgt. So erklärt sich all das scheinbar Unruhige, Launische in unseren Liebhabereien als die Folge der rapid fortschreitenden Technik. Zur Zeit der Blüte des Gewerbes, da auch der Handwerker als Künstler schuf, wurden Gerätschaften, Schmuckgegenstände, Kleidungsstücke als Kunstwerke behandelt, mit großen Summen bezahlt und nicht bloß für ein Menschenleben, oft für eine Reihe von Generationen erworben. Heute gehorchen wir der Wissenschaft und der ihr auf den Fersen folgenden Industrie. Als ein Beispiel dafür mag nur der mit jeder Saison stattfindende Wechsel der Modefarben angeführt sein. Von diesen hunderten und hunderten von Farbennüancen hätte man sich vor fünfzig Jahren noch nichts träumen lassen. Jetzt bringt die Mode mit jeder Jahreszeit neue Schattierungen, und wenn ein in seiner Klause sitzender Denker brummig den Kopf über die Thorheit der Menschen schüttelt, so denkt derjenige, der sich im Leben umgethan hat, lächelnd an das Laboratorium der chemischen Fabrik. Dort wandelt ein Mann auf und ab, der jedes Quartal mindestens einen neuen Farbkörper aus Steinkohlen oder anderen Dingen extrahiert, und dieser stille Gelehrte ist im Grunde genommen die einzige Ursache, daß die Modedame ihr fast noch neues Kleid der Kammerjungfer schenkt, weil in diesem Frühjahr das Grau „um einen Gedanken" mehr ins Blaue spielen oder das Rot einen etwas stärkeren Stich ins Gelbe haben muß.

So sehen wir, daß der Luxustrieb auch seine guten Seiten hat und daß er in letzter Linie sogar die rein idealen Besitztümer der Menschheit — Kunst und Wissenschaft — fördern hilft. Mag der Eine und der Andere sich von dem Dämon auch zu weit fortreißen lassen, so weit, daß er sich selbst zu Grunde richtet, er wird doch fast immer damit der Allgemeinheit gedient haben, und so zeigt sich auch hier wieder nur die Spiegelung des großen Weltgesetzes, das kein Erbarmen mit dem Einzelwesen kennt und nur auf die Sicherung des Fortbestandes des Ganzen gerichtet ist. Was liegt denn daran, wenn ihr euch die Hälse brecht, Verschwender und Genußmenschen! Ihr gebt damit tausend fleißigen Händen Arbeit und hundert talentierten Köpfen Gelegenheit, ihre Fähigkeiten zu erproben, und die Menschen sollten euch Denkmäler setzen, statt euch zu schmähen.

Cum grano salis natürlich, wenn ich bitten darf. Ich möchte niemand zur Verschwendung verleiten und nichts weniger, als unsinnigen Luxus verteidigen. Nur für mil= dernde Umstände möchte ich plaidieren, nachdem ich weder dem Propheten rechts noch jenem links beistimmen kann, sondern sagen muß: Wir sind zwar, gottlob, nicht schlechter geworden, aber, wie mir scheint, auch nicht besser! —

Die Arbeitskraft der Zukunft.

Jahrtausende mußten vergehen, ehe wir uns die Nat[ur] so weit unterwarfen, daß sie nun auch für uns arbeitet. Wo[hl] reichen die Windmühlen und Wasserräder ziemlich weit [in] die Vergangenheit zurück, aber ihre Leistungen konnten n[ur] sehr bescheidene sein und in der Hauptsache war das für d[en] Menschen thätige die eigene Muskelkraft und die der Tier[e]. Das wurde erst anders, nachdem Watt im Jahre 1768 d[ie] erste brauchbare Dampfmaschine gebaut hatte, und dieses Ja[hr] bezeichnet denn auch den Anfang eines neuen Zeitalters. M[an] begann nun damit, von den Schätzen unseres Weltkörpe[rs] auch die Kraft auszunützen, nachdem man so lange fast n[ur] den Stoff verwendet hatte, und die Umwälzungen, welche die[se] Erfindung verursachte, mußten deshalb ungeheure sein. D[ie] sie es in Wirklichkeit waren, wissen wir, und doch sind [sie] nur klein im Verhältnis zu jenen, welche die Zukunft bringe[n] muß, denn was auch seither geschehen ist, wir stehen erst a[m] Anfang dieses „neuen Zeitalters".

Die Erfindung und Ausbildung der Dampfmaschine i[st] nur einem ersten Schritt auf dem neuen Wege zu vergle[i]chen. Den zweiten hat die Zeit gemacht, in der wir lebe[n], indem sie die Elektricität in den Dienst der Arbeit stellt[.] Mit Hilfe der von Siemens erfundenen Dynamomaschir[e] sind wir imstande, mechanische Kraft (z. B. die Kraft eine[s] Wasserfalls) in elektrischen Strom zu verwandeln, dieser kan[n] in die Ferne geleitet und dann wieder mit dem Elektromoto[r,] der Umkehrung der Dynamomaschine, in arbeitende (M[e]

chinen treibende) Kraft umgeformt werden. Die Dampf=
maschine verwertet von der Naturkraft nur den in der Kohle
aufgespeicherten Teil, also einen sehr kleinen Teil, und sie
nützt ihn überdies nur in der Weise eines sinnlosen Ver=
schwenders aus, indem sie nur sechzehn Prozent des theore=
tischen Nutzeffekts giebt, was ungefähr so viel bedeutet, als
ob man von hundert Mark immer nur sechzehn verwer=
tete und die übrigen vierundachtzig durchs Fenster würfe.
Die elektrodynamische Maschine setzt uns nun in den Stand,
auch andere Naturkräfte in ausgiebiger Weise arbeiten zu
lassen und zwar insbesondere die Kraft des fließenden Was=
sers, die Kraft des Windes und die Kraft, welche die Er=
scheinung der Ebbe und Flut bewirkt. Indem sie diese ver=
wendet, beraubt sie uns nicht der Kohle, die wir als Brenn=
material benötigen und mit der es rasch zu Ende gehen
würde, wenn man den Raubbau, wie er gegenwärtig be=
trieben wird, so weiter betreibt, sie macht uns vielmehr
Kräfte dienstbar, welche bisher für den Menschen fast ver=
loren gingen.

Es ist bekannt, daß die Kraft des strömenden Wassers
auf diese Weise bereits reichlich ausgenützt wird. Am stärk=
sten in Amerika, wo ganze Industriebezirke mit elektrischem
Strom arbeiten, der mit Hilfe von Dynamomaschinen Was=
serläufen entnommen wird. Bei uns geht die Schweiz voran,
was bei ihrem Reichtum an leicht verwertbarer Wasserkraft
erklärlich ist. Mit der Verwertung von Ebbe und Flut geht
es natürlich langsamer, obwohl in Amerika und in Frank=
reich bereits die Anfänge dazu gemacht sind. Man legt
große Becken an, von denen das eine nur zur Zeit der Flut=
höhe mit dem Meere verbunden wird und das andere nur
zur Zeit der tiefen Ebbe. So erhält man in den zwei
Becken zwei Wasserflächen, von denen die eine beständig höher
ist, wodurch ein stetes Herabfließen und damit die von der
Dynamomaschine aufzunehmende Kraft erzielt wird. Was
endlich die Windkraft betrifft, so läßt sich diese mit Hilfe der

Accumulatoren (Ansammler elektrischen Stroms) aufspeiche[rn]
und dann beliebig benutzen. Hat man erst eine praktische[,]
billigere Konstruktion der Accumulatoren, dann wird auch d[er]
ausgiebigen Verwertung dieser Naturkraft nichts im We[ge]
stehen.

Wird nun aber die Arbeitskraft der Zukunft wirklich d[ie]
Energie des bewegten Wassers und der bewegten Luft sein[?]
Wird die Dynamomaschine wirklich den Vermittler zwische[n]
Naturkraft und Menschenwerk bilden?

Gegenwärtig hat es den Anschein, als ob es so komme[n]
würde. Vielleicht gehört auch die nächste Zukunft wirkli[ch]
der Übertragung mechanischer Kraft mit Hilfe der Elektricitä[t.]
Aber wer kann wissen, ob nicht schon bald ein weiterer Schr[itt]
auf dem neuen Wege gemacht wird? Er wird eines Tag[es]
sicher gemacht werden und auf ihn hinzuweisen, ist der eigen[t]-
liche Zweck dieser Zeilen.

Alle „Naturkräfte," alle Energieformen, die wir als A[r]-
beitskräfte verwenden, sind nur Umwandlungen der Sonne[n]-
wärme. Die Kohle ist in Pflanzenkörpern aufgespeicher[te]
Sonnenwärme und Luft und Wasser werden durch die So[n]-
nenwärme bewegt. Auch die Muskelkraft ist umgewandel[te]
Sonnenwärme und nur bei der Erscheinung der Ebbe un[d]
Flut steht die Sonne in zweiter Reihe und in erster d[ie]
Massenanziehung (zwischen Erde und Mond). Da liegt nu[n]
eigentlich der Gedanke nahe, die Arbeitskraft, die doch nu[r]
eine Modifikation der Sonnenwärme ist, direkt der Sonn[e]
zu entnehmen. Warum thun wir es nicht? Weil w[ir]
bis jetzt keine Vorrichtungen haben, um die Energie d[er]
Sonne aufzuspeichern und sie dann als Kraft, Licht od[er]
Wärme zu benutzen. Weil die Maschine noch nicht erfun[-]
den ist, die an Stelle der Kohle oder des Wassers die Son[ne]
arbeiten läßt.

Aber sie wird erfunden werden und der Weg dazu [ist]
vielleicht schon vorgezeichnet.

Bereits im Jahre 1822 wurde von Seebeck entdeckt, d[aß]

n Wärme in Elektricität umwandeln kann. Man nennt
he durch Wärme hervorgerufene elektrische Ströme Ther=
ströme und Vorrichtungen, welche diese Umwandlung be=
zen, Thermosäulen. Eine solche Säule besteht im Prin=
aus zahlreichen Streifen zweier verschiedener Metalle,
abwechselnd aneinander gereiht und an den Berührungs=
[en verlötet sind. Wenn man die Streifen des einen
talls erwärmt und die beiden Endstreifen durch einen
aht verbindet, so kreist in dem Apparat ein elektrischer
rom.
Merkwürdigerweise sind auf dem Gebiet der Thermoelek=
ität bis zum heutigen Tage nur sehr bescheidene Fort=
itte zu verzeichnen. Die Techniker wenden sich offenbar
Vorliebe sämtlich dorthin, wo rasche und ziemlich sichere
olge zu erzielen sind, und so kam es, daß bei der Elek=
chen Ausstellung in Frankfurt a. M. (1891), die ein ge=
ezu überwältigendes Bild von den Leistungen der modernen
ktrotechnik darbot, für die Thermoelektricität ein beschei=
es Tischchen ausreichte. Die Thermosäulen haben eben
Zeit noch gar keinen praktischen Wert, da die erzielte
tromotorische Kraft zu dem verbrauchten Heizmaterial in
c ungünstigem Verhältnis steht. Es ist aber nicht un=
hrscheinlich, daß es einmal gelingen wird, durch konzen=
rte Sonnenstrahlen solche Thermoströme zu erzeugen und
e dann entweder mit Elektromotoren sofort in Arbeitskraft
verwandeln oder sie in Accumulatoren für beliebigen spä=
n Gebrauch aufzuspeichern.
Das ist ein Weg, der dazu führen kann, die Sonne
elt in unseren Dienst zu stellen. Ob gerade dieser Weg
geschlagen werden wird, mag dahin gestellt bleiben, aber
ist doch sehr wahrscheinlich. Jedenfalls stehen wir am
rabende großer Dinge, die das Gesicht der Menschenwelt
h sehr viel mehr verändern werden, als es durch die Dampf=
schine geschah und durch die Dynamo noch geschehen wird.
in fasse den Gedanken nur recht, daß es möglich ist, die

Sonnenwärme anzusammeln und sie dann nach Belieben zu Arbeiten, zum Heizen, zum Leuchten zu verwenden! Und d bei handelt es sich wahrscheinlich auch wieder nur um e „Ei des Columbus," um eine ebenso einfache Idee, wie t der Dampfmaschine und die der Dynamo. Ob wohl d Mensch schon geboren ist, in dessen Gehirn sie eines Tag aufblitzen wird?!

E n d e.

Von **Emil Peschkau** ist im Verlag von J. H. Schorer
A. G. in Berlin erschienen:

Lebensräffel.

Neue Novellen.

**Der schwerste Kampf.
Zur Psychologie der Liebe.
Der Studienkopf.
Rohrdommeln.
Gretchen.**

Über dieses Werk schreibt **Martin Greif** in einem längeren
Artikel der Münchener „Allgemeinen Zeitung" unter anderem:
„Mit atemloser Spannung haben wir jede dieser fünf Novellen ge=
lesen, womit uns dieser, noch lange nicht nach seinem Wert erkannte,
hochbegabte Autor jüngst beschenkt hat. Was aber den Genuß, je
tiefer man sich in das Buch hineinliest, desto erheblicher steigert, dürfte
in der Neuheit der dargestellten Handlungen ebenso liegen, als auch
in der geradezu meisterlichen Erzählungskunst, zu deren seltenen Eigen=
tümlichkeiten es zu gehören scheint, jedesmal die dem poetischen Stoff
entsprechende Färbung der Sprache zu finden. So bildet jede dieser
Geschichten ein geschlossenes Ganze für sich, in das wir mit Lust und
Freude eindringen und das uns auch nach der Lektüre noch lang in
unserem Innern beschäftigt. Sind es doch lauter Themata von psycho=
logischer Besonderheit, welche hier gewissermaßen in einem Raritäten=
kabinett vor uns ausgebreitet und mit kundiger Hand vorgezeigt wer=
den. Gleichwohl findet man keine gesuchten oder gekünstelten Monstra
darunter, wenn wir auch an das Dämonische der Menschennatur
fortwährend gemahnt werden und die psychologische Erklärung des
Problems bis zu dem Punkte fortgeführt wird, da das psychische Rät=
sel einer jeden ferneren Deutung spottet. Aber ein geistiges Band
verknüpft diese mannigfachen bis hart an die Grenze des Wunders
gerückten und dem dichten Schleier des mystischen Geheimnisses ver=
hüllten Erscheinungen aus dem innersten Seelengebiete . . ."